Linda Reinelt-Gebauer
Der Shih-Tzu

Herausgegeben unter dem Patronat des
Verbandes für das Deutsche Hundewesen e. V.
44141 Dortmund

Jean Luc

Linda Reinelt-Gebauer

Der Shih-Tzu

Praktische Ratschläge für Haltung, Pflege und Erziehung

3., neubearbeitete Auflage
Mit 39 Abbildungen, davon 24 farbig

Parey Buchverlag Berlin 1997

Parey Buchverlag im
Blackwell Wissenschafts-Verlag
Kurfürstendamm 57, D-10707 Berlin

Das Kapitel „Gesundheit“ wurde von Dr. med. vet. Peter Brehm, das Kapitel „Ernährung“ von Dipl. vet. med. Lutz Salomon verfaßt.

Die Deutsche Bibliothek – CIP-Einheitsaufnahme

Der **Shih-Tzu** : praktische Ratschläge für Haltung, Pflege und Erziehung / Linda Reinelt-Gebauer. [Das Kap. „Gesundheit“ wurde von Peter Brehm, das Kap. „Ernährung“ von Lutz Salomon verf.] – 3., neubearb. Aufl. – Berlin : Parey, 1997
(Dein Hund)
ISBN 3-8263-8456-3

Einbandgestaltung: Rudolf Hübler, Berlin, unter Verwendung eines Fotos von Anita Berggren
Satz und Repro: Type-Design, Berlin
Druck und Bindung: Grafos S.A., Arte sobre papel, Barcelona

Gedruckt auf chlorfrei gebleichtem Papier

Printed in Spain • ISBN 3-8263-8456-3

Vorwort

Ursprünglich gehört der Shih-Tzu zu einer Gruppe kleiner Hunderassen, die von den Mönchen in Tibet gezüchtet wurden. Von dort gingen sie als Tribut-Hunde an den chinesischen Kaiserhof, und es war der kaiserliche Palast, in dem der Shih-Tzu sorgsam gezüchtet und weiterentwickelt wurde. Das Resultat ist die Rasse, die jetzt überall in der Welt bekannt ist. Der Shih-Tzu wurde gezüchtet, um den chinesischen Begriffen von einem kleinen Löwen nahezukommen. Der Name Shih-Tzu bedeutet ja auch „Löwenhund".

Dieses Buch beschäftigt sich eingehend mit der Herkunft und Zucht, mit Pflege und Haltung und soll ein Leitfaden für alle Besitzer und neuen Liebhaber von Hunden dieser lebhaften und robusten Rasse sein.

Bedanken möchte ich mich an dieser Stelle besonders bei Mrs. Widdrington (Zwinger Lhakang) und Frau Geusendam (Zwinger Tscho-mo-Lungma) sowie bei weiteren Freunden der Rasse, die bereitwillig waren, mir mit ihrem Wissen über die Geschichte der Rasse bei diesem Buch zu helfen.

Steinebach a. d. Wied,
im Frühjahr 1997
Linda Reinelt-Gebauer

Pedigree PAL
ADVANCE
FORMULA
FORMULA QUALITY STANDARD
JUNIOR 1
JUNIOR 2
LIGHT
SENSITIVE
ENERGY
ADULT
FQS

Inhalt

Die frühe Geschichte – chinesisch und tibetanisch

Die Herkunft des Shih-Tzu ist genau so sagenumwoben wie die der meisten asiatischen Hunderassen. Eingeordnet ist der Shih-Tzu als chinesischer Hund, seit man weiß, daß diese Rasse viele Jahrhunderte in der verbotenen Stadt in Peking gezüchtet wurde. Es wird aber vermutet, daß Tibet seine Urheimat ist, wo er in den Tempeln gehalten und gezüchtet wurde, und daß er gelegentlich als Geschenk an den chinesischen Kaiser gelangte.

In Snellgroves und Richardsons Buch „A Cultural History of Tibet" wird Tibet als „barbarisches Land mit vielen Völkern, die als Nomaden durch den Ostteil des Landes wandern", beschrieben. In vielen Sagen hieß es von den Begründern der Yarlung-Dynastie: „Sie kamen auf einer Wolke und ließen keine Spur auf der Erde zurück." Dieses Zitat bezieht sich auf den großen König Srong-brtsan-sgam-po (627–650), der im Jahre 639 einen Palast in Lhasa baute.

Es ist nachgewiesen, daß in der Zeit vom 7. bis 9. Jahrhundert Kontakt zwischen Tibet und China bestand. Ab dem 7. Jahrhundert erlebte Tibet auch ein Wachstum der Kultur und der Wissenschaft. Bei passender Gelegenheit drangen die Tibetaner bis in die chinesische Hauptstadt Cháng-an (Sian) vor, das bestätigte ihre barbarische Herkunft, doch dieser Schritt erfolgte nur, um mehr zu lernen. Man bat um Abschriften alter Klassiker, und ein chinesischer Minister kommentierte die Tibetaner wie folgt: „Sie haben eine kriegerische Natur, aber auch Entschlußkraft und Intelligenz, sie sind arbeitsam, aber erpicht, unermüdlich zu lernen."

König Srong-brtsan-sgam-po war die treibende Kraft, er vermählte nach 640 seine Nachkommen mit chinesischen Prinzessinnen. Auch erfolgten Hochzeiten zwischen tibetanischen Edelmännern und chinesischen Frauen. Dies gab wiederum den Chinesen die Möglichkeit, durch diese Vermählungen Einfluß auf die barbarischen Nachbarn zu nehmen, eine geschickte Diplomatie.

Dieser Einblick in die tibetanische Geschichte zeigt, daß es eine ständige Verbindung zwischen Tibet und China und also eine konsequente Möglichkeit gab, Hunde zu tauschen.

Es gibt weitere Hinweise auf Hunde im Tibet der früheren Zeiten, zum Beispiel auf den Tibet Mastiff, der die Karawanen und Städte bewachte. Ebenso wird von kleinen Haushunden berichtet mit gutem Gehör, die wiederum die Mastiffs vorgewarnt hätten; dieser Hundetyp hatte ein dichtes und langhaariges, zottiges Fell, ähnlich einer Ziege.

Sage und Aberglaube

Buddhismus und mythologische Löwen spielten eine große Rolle in der Entwicklung der Löwenhunde. Der indische Buddhismus entwickelte sich in Tibet zum Lamaismus und wurde in China neben weiteren Religionen erst in der Zeit von Kublai Khan (um 1253) angenommen.

Die Menschen glaubten, daß die tibetanischen Hunde heilig seien und in ihnen die Seelen verstorbener Priester (Mönche) weiterlebten. Die kleinen Löwenhunde wurden in den Tempeln als Wächter und in ranghohen Familien als Hauspartner gehalten. Die große Verehrung des Löwen im Buddhismus wurde besonders hervorgehoben in der Mystik des Lamaismus.

Der Buddha Manjusri, der Gott des Lernens, reiste als einfacher Priester zu den vier Kontinenten, begleitet von einem kleinen Hund. Die kleinen Löwenhunde – ob nun von tibetanischer oder chinesischer Herkunft – hatten die Möglichkeit, sich auf Wunsch des Buddha in einen Löwen zu verwandeln, auf deren Rücken der Buddha durch den Weltraum ritt. Statuen dieser Hunde aus Bronze und Stein wurden vor Tempeleingängen plaziert, ferner wurden die Hunde in den verschiedensten Kunstobjekten Mode.

Die Hunde wurden von den Chinesen als Modellzeichnung bunt illustriert auf Pergamentpapier. Nach diesen Mustern wurde dann gezüchtet. Der Löwenhund, in Tibet ein Haustier, hatte Ähnlichkeit mit einer symbolischen Kreatur, dem Gang-Sing oder Schneelöwen. Dieser galt als so mächtig, daß, wenn er brüllte, sieben Drachen aus dem Himmel fielen.

Die drei Kräfte, die er besaß, waren erstens, sich zu verwandeln, zum anderen seine Stimme, die Stimme der Wahrheit und der Furchtlosigkeit, und schließlich, im Nebel und in den Wolken zu gehen. Diesen Fähigkeiten unterwarfen sich alle.

So könnte auch der heutige Shih-Tzu beschrieben sein. Es kann angenommen werden, daß die tibetanischen Lamas ihre Hunde nach dem Bild des Löwen züchteten, und die besten Exemplare wurden ausgewählt und fanden als Tribut ihren Weg nach China.

Einen Löwenhund geschenkt zu bekommen, war stets eine große Ehre; das letzte solcher Tribut-Geschenke an den chinesischen Kaiserhof erfolgte 1908, als der Dalai Lama die Kaiserin Tzu Hsi kurz vor ihrem Tod besuchte und ihr einige Hunde überreichte.

Ein kaiserlicher Hundewagen in Lack und weißer Jade (18. Jahrhundert)

Die Ebene von Tibet liegt bis zu 5300 Meter über dem Meeresspiegel. Diese fröhlichen, kleinen Hunde mußten den weiten Weg von Lhasa bis hinunter nach Peking, der Hauptstadt von China, die fast nur in Höhe des Meeresspiegels liegt, überstehen. Diese Reise dauerte bis zu zehn Monate. Dabei legten die Karawanen, schwer bepackt mit Wolle, Fellen, Borax und Edelsteinen, etwa 3500 Kilometer zurück. Die Expedition verlief durch die große Steppe im Nordosten Tibets, über hohe Pässe hinunter zu den heißen, tropischen Ebenen Chinas, bis die vergoldeten Dächer der Tempel und Paläste Pekings auftauchten. In der Reisezeit wurden Welpen erwachsen, ja, sie hatten schon selbst wieder Junge, die sie irgendwo in einer Zeltmulde geworfen hatten. Solange diese Welpen klein waren, wurden sie von den Tibetanern auf der Reise in den weiten Gewändern, „Shuba“ genannt, direkt auf der Haut getragen, damit sie es warm hatten. Nach der Säugezeit wurden sie dann mit Reis, Trockenfleisch und Abfällen gefüttert. Ältere Welpen und Jungtiere ritten in Körben auf den Rücken der Yaks oder liefen bellend und spielend neben der Karawane her.

Im Jahre 1644 wurde Peking von den Mandschus besetzt, und dadurch wurde die Lamaistenform des Buddhismus in China eingeführt. Die Mandschus eroberten Tibet 1645. Der Dalai Lama besuchte den Kaiser 1653 in der chinesischen Hauptstadt Peking und überreichte ihm die ersten Löwenhunde.

Die Popularität der löwenähnlichen Hunde bestand nicht nur wegen ihres Aussehens, sondern vielmehr durch die Verbundenheit mit Buddha. Die Kaiser galten als Verkörperung der Sonne und waren Söhne des Himmels. Da die Löwenhunde als gutes Omen betrachtet wurden, sah man fortan den Kaiser nur noch in ihrer Begleitung; betrat er einen Raum, so liefen seine Hunde bellend voraus, und dieses war das Signal für seine Untergebenen, sich zu Boden zu neigen.

Es gibt mancherlei Hinweise, den Ursprung der Hundezucht auch in China zu suchen. In China gab es viele kleine kurznasige Hunde. Im Britischen Museum wird eine Skulptur dieser Hunde gezeigt. Diese Skulptur widerlegt aber die Behauptung, daß die Chinesen die Nasen ihrer Hunde brachen, um den kürzeren Gesichtsausdruck zu bekommen.

Es gab einen regen Austausch von Hunden auch in den frühen Tagen der byzantinischen Dynastien, aus der eine der ältesten Züchtungen, der Malteser Terrier, auf der Seidenstraße nach China kam. Dieser Malteser rangierte in der Gunst aber weit hinter den langhaarigen Hunden aus China und Tibet. Ebenfalls importiert wurden Hunde aus Rußland und Persien. In dem Buch von Lauffer „Chinesische Töpferkunst der Han Dynastie" heißt es, daß 624 ein Pärchen kleiner Hunde aus Fu-Lin (der Türkei) importiert wurden. Ihre Nachkommen wurden im 17. Jahrhundert von Gelehrten als die Hunde von Fu-Lin bezeichnet. Diese seien bekannt für ihre Lernfähigkeit, zum Beispiel ein Pferd am Zügel zu ziehen oder eine Fackel im Maul zu tragen. Sie übertrafen die chinesischen Hunde an Beliebtheit. Einer ihrer Namen war „Ha pa" (Schoß- oder Lieblingshund mit kurzen Beinen) ein anderer „Shih-Tzu Kou" oder „Löwenhund". Die Mopshunde aus der Provinz Shantung wurden ebenfalls als „türkisch" oder als „Ha pa" bezeichnet. Es ist bekannt, daß die chinesischen Mopshunde aus Lhasa eingeführt wurden. In Tibet wurden diese „Lago Kye" (Handhund) genannt, denn einer Sage gemäß verwandelt sich dann, wenn ein Mensch seine Hand über einen gerade erst ausgebrüteten

Adler hält, dieser in einen Mops. Es wird das Wort „Mops“ benutzt, was aber eine unzutreffende Übersetzung sein könnte. Der Ausdruck „Mops“ wird wiederum benutzt in einer Arbeit der Sung Dynastie, für den Lo-Chiang-Hund aus der Provinz Setchuan. Diese Hunde, beschrieben als sehr zahm und anstellig, wurden in den Jahren von 990 bis 994 als Tribut an Kaiser gesandt. Sie saßen, mit dem Schwanz wedelnd, an der Seite der kaiserlichen Couch, bellten aber jeden an, der nicht den nötigen Respekt zeigte. Eine Arbeit aus dem 11. Jahrhundert besagt, daß diese Hunde rot gewesen seien.

Chinesische Ärmelhündchen

Die Höhe des Schoßhundekultes wurde erreicht unter der Regierung Tao Kung (1821–1851). Es war die Zeit, in der die Hunde künstlich verzwergt wurden, um in den kostbaren Gewändern der Adeligen versteckt getragen zu werden. Es werden viele Methoden dazu beschrieben, zum Beispiel wurden Welpen in winzige Käfige gesperrt, um das normale Wachstum zu behindern, oder man gab ihnen wenig Futter, um diese Verzwergung zu erreichen. In der Zeit der letzten Kaiserin blühte dieser Kult wieder.

Zur Zucht gab es keinen geschriebenen Standard. Aber es wurden alle wichtigen Punkte mit Bildern auf Pergamentrollen festgehalten. Der Kaiser und die Kaiserin ließen nur ihre schönsten Hunde malen, und nach diesen Vorbildern wurden dann die Hunde von den Eunuchen des kaiserlichen Zwingers gezüchtet.

Es wird berichtet, daß die Eunuchen tausend bis viertausend Hunde in acht Palästen hielten mit dem Ehrgeiz, jeden anderen in der Züchterkunst zu übertreffen, um die Gunst der kaiserlichen Familie zu behalten.

Symbolische Farben und Abzeichen wurden hoch belohnt, und kein tibetanischer Löwenhund durfte mehr als 5,5 kg wiegen, wenn er bei Hofe gefallen sollte. Eine der kaiserlichen Regeln hieß „Laßt den Löwenhund klein sein“. Gold, die kaiserliche Farbe Chinas, war überaus bevorzugt, obwohl auch andere wohlgezeichnete Farbkombinationen gezüchtet wurden. Eine weiße Blesse auf der Stirn, „das heilige Zeichen Buddhas“, war bei den Mehrfarbigen sehr geschätzt, ebenso eine weiße Rutenspitze.

Zu jener Zeit konnte man außerhalb der Verbotenen Stadt in Peking nur minderwertige Hunde bekommen, die von den Eunuchen aus dem Palast hinausgeschmuggelt und verkauft wurden. Das Leben in den kaiserlichen Palästen muß für die Hunde aus Tibet sehr angenehm gewesen sein und völlig verschieden von dem,

Kaiserin Tzu Hsi (1861–1908), die große Förderin der Shi-Tzu-Zucht

was sie von ihrem Ursprungsland gewohnt waren. Dieses macht ihre unglaubliche Anpassungsfähigkeit deutlich, eine Eigenschaft, die sie heute noch haben. In Peking wurden die Hunde in kostbaren Pavillons mit Marmorböden gehalten, täglich hatten sie Auslauf und wurden regelmäßig gebadet. Im kaiserlichen Zwinger gab es außer ihnen noch den Pekingesen (chinesischer Löwenhund) sowie den Mops.

Es wird vermutet, daß bei diesen großen Mengen von Hunden ganz geschickte Eunuchen die Rassen kreuzten, um besonders typische oder schöne Hunde zu züchten.

Gerade die letzte Kaiserin Tzu Hsi, von ihren Untergebenen liebevoll „der alte Buddha“ genannt, war sehr an der Hundezucht in ihren Palästen interessiert und überwachte höchstpersönlich die Zucht von über hundert Hunden.Einer der ihr ständig folgenden Hunde war ein langhaariger, der von ihr Tibetaner genannt wurde. Aber sie war nicht erfolgreich bei der Nachzucht dieses Typs. Sie war mehr daran interessiert, ebenmäßige Zeichnungen herauszuzüchten, die als Verbindungsstück zwischen Kaiser und Buddha gelten sollten. In ihrem Büchlein beschreibt Lu Zee Yuen Nee (Lhasa Lion Dog) den Shih-Tzu, der im Palast schwer zu züchten war, auch gab es bei dem Werfen der Welpen große Probleme.

Wir haben diese Schwierigkeit bei der deutschen Zucht nicht, da unsere Züchter bestrebt sind, mit gesunden Hündinnen, deren Größe dem Standard entspricht, zu züchten.

Ein Reporter schrieb 1934 in der Pekinger Chronical: „Die tibetanischen Löwenhunde sind ähnlich dem Pekingesen, etwas größer, mit längeren Nasen und entschieden mehr behaartem Gesicht, die Augen meist komplett überdeckt von einer Haarfülle, die wild über das Gesicht fällt. Sie sind ein wenig zurückhaltend, aber dabei richtige Energiebündel. Sie verhalten sich würdig im Kampf. Chinesen und andere Bewunderer sind sehr interessiert an dieser kleinen, niedlichen Rasse, die so gut in die Kategorie der nicht sportlichen Hunde paßt, aber mehr als ein Spielzeug ist.

Wahrscheinlich ist nicht einer von zehn Besitzern in Peiping fähig, den korrekten Namen anzugeben, geschweige denn, ihn von dem Pekingesen zu unterscheiden. In China allgemein werden diese langhaarigen Löwenhunde oder Schopf-Hunde „Shih-Tzu kou“ genannt, was Löwenhund heißt. Die Tatsache, daß diese Tibetaner lange Zeit in China gezüchtet wurden, speziell in Peking wohl über Jahrhunderte, wo sie auch mit Pekingesen gekreuzt wurden, beweist, daß die Rasse sich auch dabei durchsetzte und ihren eigenen Typ behielt.

Auch wenn in der westlichen Welt der Name „Shih-Tzu kou“ ausgesprochen wird wie „Shid Zoo Koo“, ist die korrekte chinesische Aussprache „Sher-zerker“.

Nach dem Fall der Mandschu-Dynastie haben die Chinesen und viele andere die Entwicklung dieser hochgeschätzten Löwenhunde vorangetrieben, allerdings gab es in dieser Zeit keine genaue Abgrenzung zwischen dem Tibetanischen Löwenhund und dem Tibetanischen Apso. Sie wurden vielmehr zu einer Gruppe zusammengefaßt, Lhasa Terrier oder Lhasa Löwenhund, wie auch immer.

Der chinesische Standard, der vom Peking-Kennel-Klub 1934 festgelegt wurde, beschreibt ganz klar den Shih-Tzu: Er hat ein rundes Gesicht und eine kurze Schnauze, die Ohren sind groß und hängen frei herunter, die Nase ist flach. Ferner besitzt er eine Auswölbung in der Stirn, den Stop. Die Augen sind rund und stehen leicht vor. Die Pfoten sind groß und rund und haben je fünf Zehen einschließlich Taukralle. Er hat einen tiefen Körper und kurze, dicke Beine. Es sind kleine, niedliche Kreaturen mit langem, weichem, welligem Haar. Wenn sie gehen, bewegen sie sich langsam, gleich einem Goldfisch im Wasser.

1908 starb die Kaiserin Tzu Hsi; niemand überwachte mehr die Hundezucht in den kaiserlichen Palästen. Nach der Revolution 1911/12 wurden viele Palasthunde von den Eunuchen an hochangesehene chinesische Familien oder Personen des gehobenen Standes gegeben. Andere wurden auf Hundemärkten von Lung Fu Ssu und Hu Kuo Ssu, beides alte Lamaistische Tempel, verkauft. Die Hundezucht wurde außerhalb des Palastes fortgesetzt, aber die Löwenhunde wurden umsorgt und bewacht; und es war ein ungeschriebenes Gesetz der Chinesen, daß diese oder deren Welpen das Land nicht verlassen durften.

Frau Audrey Fowler, eine der ersten, die Shih-Tzu von China nach England importierte, wurde beim Verschiffen eines Welpen von dem Schiffsarzt darauf aufmerksam gemacht, daß der Welpe höchstens einen Tag leben würde, da ihm im letzten Futter bestimmt pulverisiertes Glas gegeben worden sei und er daran eingehen würde. Wie glücklich war Frau Fowler, daß sie ihren Shih-Tzu nicht von einer chinesischen Familie gekauft hatte! 1932 wurden alle Eunuchen aus dem Palastdienst entlassen, aber es blieben 50 von ehemals 1000 zurück, die die Zucht in den Palästen im kleinen Rahmen fortsetzten.

Der Shih-Tzu kommt nach Europa

Nach England wurden ab 1901 acht tibetanische Löwenhunde, Lhasa Apsos und Tibetterrierarten als Einzelhunde importiert. Der Erste Weltkrieg ließ sie aber praktisch aussterben. Dann war Colonel Eric Bailey britischer politischer Offizier in Sikkim, Tibet und Bhutan, und er brachte mit seiner Frau sechs dieser Hunde mit nach Hause. Von diesen sechs waren fünf goldfarben und einer grau-weiß; sie nannten diese Hunde Apsos, was zottig und ziegenähnlich heißt. In den späten zwanziger Jahren lebten General und Mrs. Douglas Brownrigg in Peking, wo er Adjutant des Kommandanten von Nordchina war. Sie waren sehr daran interessiert, einen neuen Typ von Hunden mit nach England zu bringen.

Colonel Bailey, den sie in Indien trafen, erzählte ihnen von Hunden aus Peking. Für diese galt: Je kürzer die Nase, desto besser, allerdings handele es sich nicht um den hochherrschaftlichen Pekingesen. Die Brownriggs suchten dann nach guten und attraktiven Hunden, die die wünschenswerte Nase hatten. Besonders achteten sie aber darauf, daß diese Hunde keine zu langen Beine hatten oder gar terrierähnlich aussahen. 1927 erwarben sie von einem Chinesen eine schwarz-weiße Hündin mit dem Namen Shu-ssu. Ihr Haar stand ihr so niedlich im Gesicht, sie sah aus wie ein kleines flauschiges Eulenbaby. Sie war extrem clever und lernte schnell eine ganze Anzahl von Tricks.

Einen Deckrüden für Shu-ssu zu finden, war nicht einfach, da die Chinesen ihre Löwenhunde wohlbehütet, ja fast versteckt in ihren Höfen und Häusern hielten. Die Hunde, die die Brownriggs zu Gesicht bekamen, waren zum Teil einfarbig schwarz oder grau, außerdem waren sie zu groß und zu derb, und gerade diese Hunde versuchten sie zu vermeiden. Sie fanden einige Hunde, die gold oder gold-weiß in der Farbe waren, waren aber der Meinung, daß diese von den schwarz-weißen getrennt gezüchtet werden müßten. Schließlich fanden sie einen wunderschönen Rüden mit dem Namen Hibou. Er gehörte einem Franzosen. Da dieser nach Frankreich zurückwollte, brauchte es keiner großen Überredungskunst, und der Hund wechselte für den Erhalt der Zucht den Besitzer. Hibou war leichter gebaut, und er wurde als aktiver Hund mit großem Charakter beschrieben. Der erste Wurf bei den Brownriggs fiel noch in China.

Miß Hutchins, die in Peking Erzieherin ihres Neffen Cosmo Haskard war, fand ihren ersten Hund im Jahre 1927 auf dem Markt von Lung Fussu. Eine alte Chinesin hatte eine Hündin in einem Vogelkäfig. Sie war wunderschön gezeichnet, und Miß Hutchins erstand sie. Doch die Freude dauerte nicht lange: Eines Tages war diese Hündin mit am Strand, und als Miß Hutchins ins Wasser ging, um zu schwimmen, kam diese Hündin hinterhergeschwommen. Leider war die Anstrengung für diese kleine Hündin zu groß, und ein wenig später kollabierte sie und ging ein. Miß Hutchins fand einen neuen schwarzweißen Hund, der 1926 geboren war; sie zahlte zwölf Mexikanische Dollar dafür, und er bekam denselben Namen wie die eingegangene Hündin: Lung fu-ssa. Diesen Rüden sowie eine Hündin Mai-Mai nahm Miß Hutchins mit zurück nach England. Leider hatte sie kein Glück mit ihren Zuchtabsichten: Mai-Mai wurde kurz nach der Quarantäne von einem Sealyham Terrier totgebissen. Der Rüde allerdings zeugte mehrere Würfe bei den Brownriggs und wurde letztlich 14 Jahre alt.

Die Brownriggs lebten eine Zeit in Perteshire in Schottland und danach in London, wo General Brownrigg Adjutant von König Georg V. wurde. Die drei Hunde Hibou, Shu-ssa und Lung fu-ssa waren die Begründer der Shih-Tzu-Zucht in Großbritannien und der wunderschönen Taishan-Linie von Lady Brownrigg. Die Hunde wogen zwischen 12 und 14 Pfund. In den ersten Jahren wurde nur mit diesen dreien gezüchtet, bei der sehr strengen Inzucht wurde der Typ for-

Ch. Tai-chi of Taishan, erster Champion der Rasse 1949, gezüchtet und im Besitz von Lady Brownrigg

miert und gefestigt, unliebsame Tendenzen aber eliminiert. Die Nachzucht waren extrem harte und gesunde Tiere, und die Hündinnen bekamen sehr leicht ihre Welpen.

Gelegentlich gab es solche mit flachen, glatten Gesichtern (kurz behaart), die vermutlich ein Rückschlag auf den Pekingesen sein könnten. Diese Hunde erhielten den Spitznamen Ugg-guggs; sie wurden als Liebhaberhunde verkauft, es wurde aber nie damit gezüchtet. Man legte auch großen Wert darauf, daß nicht mit zu kleinen Hunden gezüchtet wurde.

Der Charakter all dieser Hunde war sehr kühn, keck, dreist und selbstbewußt. Man besaß sie nicht, sondern sie besaßen einen. In dieser Zeit wurden sie Tibetanische Löwenhunde genannt, und sie schienen genau so zu sein wie jene, die Colonel Bailey und seine Frau damals von Sikkim mit nach England brachten.

Die Hunde wurden im Englischen Kennel-Klub als „Apsos" registriert, und der „Apso und Löwenhundclub" wurde gegründet. Auf der Kennel-Club-Schau 1933 gab es das erste Mal eine gesonderte Klasse, in der alle Importe gegeneinander im Ring standen. Colonel Bailey, dem nachgesagt wurde, er sei ein Kenner auf diesem Gebiet, wurde als Richter benannt. Seine eigenen Hunde wurden von seiner Frau und einem Freund ausgestellt. Zu Brownriggs Mißfallen bewertete Colonel Bailey seine eigenen Hunde, die länger in den Beinen waren und auch die längeren Nasen hatten, als die korrekten Tibetanischen, während die Hunde von Peking mit ihren eulenähnlichen Gesichtern und kurzen Beinen nur ein Produkt der Inzucht mit Pekingesen seien. Dies war für alle sehr verwirrend, gerade nach dem Hinweis von Colonel Bailey, daß kurze Nasen richtig seien. Nun plötzlich sollten alle Hunde, welche die kurze Nase und die kurzen Beine hatten, plötzlich nicht mehr korrekt sein. Als korrekt galten plötzlich die „Langnasen" mit den längeren Beinen?!

Nach der Ausstellung gab es schwere Auseinandersetzungen zwischen den beiden Parteien, der „Krieg der Nasen", wie er genannt wurde, war ausgebrochen. Vielleicht wäre es noch möglich gewesen, eine Art Kompromißstandard zu finden und die Hunde in einer Rasse zusammenzufassen. Aber die Unterschiede im Knochenbau sowie ganz besonders der Kopfform brachten die Besitzer jeder Seite dazu, gerade ihre Art von Hund als besonders charakteristisch darzustellen und auf zwei verschiedenen Rassen zu bestehen.

Für den Shih-Tzu hätte ein Kompromiß den Ruin eines typischen „Gesichts-Appeals" bedeutet. Dank der Hilfe von Mr. A. Croxton-Smith, Obmann des Kennel-Clubs, bekamen die Hunde aus Peking ihre eigene Registratur unter dem Namen Shih-Tzu. General Brownrigg erarbeitete mit Mr. Croxton-Smith einen Standard, der auf den besten Hunden basierte. Dieser Standard wurde vom Englischen Kennel-Klub akzeptiert, erst 1984 ergänzt und ist in dieser Form in allen der FCI angeschlossenen Ländern gültig. Der Apso und Tibetanische Löwenhund-Klub wandelte seinen Namen in Apso und Shih-Tzu-Club, woraus dann 1935 der Shih-Tzu-Klub wurde. Auf Drängen der Apso-Züchter wurde in den darauffolgenden Jahren der Kontakt zu Tibet abgebrochen, um eventuelle neue Importe zu vermeiden.

Als 1950 die kommunistische Invasion Tibet überrollte, berichteten Flüchtlinge, daß es in Tibet auch Hunde gäbe mit kurzen Nasen; ob diese Hunde nun selbst gezüchtet oder mit chinesischen Hunden gekreuzt worden waren, weiß man nicht. Aber der Sauerstoffmangel in diesen Höhen würde doch die Leute abhalten, Hunde mit so kurzen Nasen zu züchten.

Inzwischen waren die Differenzen zwischen den Frühimporteuren vergessen, die Trennung der Rassen war die beste Lösung. Glücklicherweise wurde bis zu der Teilung der Rassen nie „quergezüchtet“, so war es leicht, jeder Rasse ein Register zu geben.

Nach der Kennel-Gazette vom Juni 1934 wurden 18 Hunde „umregistriert von Apso in Shih-Tzu. Dieses waren die schon genannten Hunde Hibou, Shu-ssa, Lung fu-ssu und deren Nachkommen. Der Shih-Tzu mit seinem speziellen Charme, seinem kleinen Körper und seinem arroganten Verhalten hatte seinen Charakter behalten, herstammend aus dem aristokratischen Blut der Tempelhunde des Dalai Lama und dem als Kostbarkeit gehaltenen kaiserlichen Pekingesen und eventuell einem Schuß der Malteser Terrier aus dem alten Byzanz.

In Zusammenarbeit mit Miß Hutchins wurde von Lady Brownrigg die Geschichte der Rasse in England zusammengefaßt und vervollständigt. Jede Einzelheit in jedem Wurf wurde aufgeschrieben und begutachtet. Ein Welpe, der dem Standard nicht entsprach, wurde nicht registriert und ohne Papiere verkauft. Unter der strengen und konsequenten Aufsicht von General Brownrigg und seiner Frau nahmen die Registrierungen Form an.

Ende 1939 erfolgten 183 Registrierungen und 47 Neueintragungen. Zwei Shih-Tzu-Hündinnen wurden in die USA exportiert, dort aber vom Amerikanischen Kennel-Klub in Apsos umregistriert.

Amoy aus der Paarung Yangtze mit Tzu Hsi wurde nach Schweden zu Mr. Ekman exportiert und dort 21 Jahre alt. Es gab noch einige Importe vor dem Krieg, aber unglücklicherweise starben diese Linien aus.

Folgende Hunde wurden noch importiert: Hitsou von Mrs. P. Bourke-Burrows, Taragul von Mrs. Manico-Gull, Ping Erh von Mrs. Hull. Dol Ma wurde gezüchtet von Madame Wilden und war im Besitz Hon. Hare und Hon. Fox-Strangeways. Es wurden von diesem Hund zwei Würfe gezüchtet, aber die Linie starb aus.

My Lord of Tibet wurde von Frau Kauffmann in Norwegen gezüchtet und war im Besitz von Lady Constance Butler. Diese Linie könnte noch in Irland existieren, da es dort zwei Würfe gab mit der Hündin Ah Tishoo of Way. Choo Choo war ein Halbbruder von My Lord of Tibet und im Besitz der Königin Mutter Elisabeth.

Thasi of Chouette, gezüchtet von Mrs. Morgan in Kanada, wurde mit zwei Rüden von Lady Brownrigg und Miß Reoch importiert, leider gingen diese Rüden aber in der Quarantäne ein. Die Hündin Thasi ging in den Besitz von Lord Essex über. Fu Tzu Niu San wurde gezüchtet von Comtesse d'Anjou in China und wurde von Mrs. Audrey Fowler 1937 importiert, aber leider gab es von diesem Hund keinen Nachwuchs. Ming, ein Rüde, wurde aus China von Mrs. Telfer-Smollet 1939 importiert.

1939 wurde Mee Na of Taishan an Mrs. Garforth-Bless (später Mrs. Widdrington) verkauft. Diese hatte in London den Koch von Lady Brownrigg gesehen, der gerade die Hunde ausführte. Sie erkundigte sich, wem die Hunde gehörten, und machte einen Termin mit Lady Brownrigg aus. Es dauerte noch eine Zeit, dann konnte sie Mee Na haben. Sie war größer als erwünscht und über einem Auge falsch gezeichnet. Obwohl die Hündin recht groß war, wurde dabei klar, daß kleine oder Miniatur-Shih-Tzu nicht erwünscht waren. Mee Na war der Grundstein des „Lhakang“-Zwingers, der inzwischen schon 50 Jahre besteht.

Die heutigen Shih-Tzu in England stammen von zwölf Linien ab, elf davon original aus China (acht direkt, zwei über Skandinavien, eine über Kanada und eine Pekingeseneinkreuzung). Auch wenn noch andere Hunde aus China oder aus Hongkong kamen, so wurden diese nicht mehr vom Kennel-Club registriert. Ende 1939 waren gut über 100 Shih-Tzu dort eingeschrieben.

Im Krieg trugen auch die Shih-Tzu auf ihre Weise etwas bei, die schlechten Zeiten etwas angenehmer zu gestalten. Ihr Fell wurde geschoren, das Haar gesponnen und als Knäuel für ein englisches Pfund pro Pfund Garn an das Rote Kreuz verkauft. Dieses machte daraus sehr schöne, dicke, mohairähnliche Kleidungsstücke.

Zwischen 1940 und 1967 ging die Registrierung von Shih-Tzu auf 61 Hunde zurück.

Neue Importe nach dem Krieg

Nach Kriegsende 1945 wurden große Anstrengungen gemacht, den Shih-Tzu-Club zu reorganisieren, mit Mrs. Widdrington und Lady Brownrigg als Sekretärin und Kassenwart; dadurch war die Zukunft der Rasse gesichert. Auch wurden die Züchter wieder aktiv, der Shih-Tzu bekam den Champion-Status. Ishu Tzu wurde 1948 von General Telfer-Smollett aus Shanghai importiert. Diese Hündin war grau-braun mit weißen Markierungen und von Mrs. Doreen Lenox gezüchtet, die ihre Hunde Tibetaner nannte. Ihre Eltern waren angegeben als: Dandy of Shanghai, goldfarben mit schwarzen Spitzen, und die Mutter war Chu-Chu of Shanghai, einfarbig grau.

Lady Brownrigg begutachtete die Hündin in der Quarantäne und sagte, diese müsse ins Shih-Tzu-Register. In einer Korrespondenz mit Mrs. Lennox stellte sich aber später heraus, daß Chu-Chu of Shanghais Original-Registriername Hamilton Maru war, sie als Lhasa Apso in den USA registriert war und auf der Westminsterschau in New York gewonnen hatte. Die Hündin ist in vierter Generation aus zwei Apsos gezüchtet, die Suydam Cutting 1930 vom 13. Dalai Lama (1867–1933) bekommen hatte. Von ihm hatte auch die letzte chinesische Kaiserin kurz vor ihrem Tod 1908 ihre letzten drei Hunde erhalten. Die Hunde müßten also dieselbe Linie gehabt haben. Könnte dort eine Verbindung bestehen zu Leidza, die ja noch aus dem chinesischen Palast um 1928 stammte und von den Kauffmanns mit Schauder und Aidzo nach Norwegen gebracht worden ist, um dort die skandinavischen Shih-Tzu-Linien zu begründen? Chu Chu of Shanghai (Hamilton Maru) war in den USA im Besitz von Commander Doyle, und es wurde dort auch mit ihr gezüchtet, bevor sie mit nach Shanghai ging und dort später bei Mrs. Lennox lebte. Diese Hündin hinterließ aber in den USA phantastischen Lhasa-Apso-Nachwuchs, und nach dem Buch von Herbel „Der perfekte Lhasa-Apso“ war sie Großmutter des phantastischen Ch. Hamilton Tatsilienlu, der wiederum Vater des Best of Show Ch. Kham Norbulingka war, dem erfolgreichsten und schönsten Lhasa Apso aller Zeiten.

Der Grund dieses Wirrwars war eben, daß Shih-Tzu, die in die USA importiert wurden, dort umregistriert wurden in Lhasa Terrier und später in Lhasa Apsos. Als dies vom Shih-Tzu-Club in England aufgedeckt wurde, erhob man energisch Einspruch beim amerikanischen Kennel-Club. Dieser antwortete, daß die Registrierung ausreichend sei. Dieses wurde in den USA und in Kanada erst 1952 eingestellt. Von 1937 bis

1951 wurden elf Shih-Tzu nach den USA exportiert und dort registriert. Zwei wurden nach Kanada exportiert. Nur drei der Shih-Tzu, die in die USA exportiert wurden, gingen in den Lhasa-Apso-Linien auf. Nachdem Ishu Tzu, Marus Tochter, aus der Quarantäne kam, wurde sie von Alec Telfer-Smolletts schwarz-weißem Rüden Wu, einem Sohn von Ming und Lu of Taishan, gedeckt. Es fiel ein sehr großer Wurf mit rein schwarzen Welpen. Einen Welpen aus diesem Wurf, Shebo Shunde of Hungjao, übernahm Mrs. Shiela Bode in Surrey. Es war ein gut gebauter Rüde mit maskulinen Formen, die dem Shi-Tzu ähnlicher waren als dem Lhasa Apso; er hatte einen kräftigen Körper, stand etwas höher auf den Läufen. Er zeugte als Deckrüde viel Nachwuchs, aber von verschiedenem Typ, darunter einige wunderschöne Shih-Tzu, die die Linie in sich weitertrugen, bevor er nach Dänemark exportiert wurde. Dort war er einer von den großen Hunden, denn die skandinavischen Shih-Tzu waren kleiner. Eine Hündin aus vorgenanntem Wurf, Chinling of Hungjao, auch rein schwarz, bekam Mrs. Haycock. Sie war ein anderer Typ als ihr Wurfbruder, klein, mit wohlgeformtem kräftigem Körper, mit kurzer Nase und rundem Kopf. Von ihr stammt eine ihr ähnliche Linie von kleinen schwarzen kräftigen Hündinnen ab. Ich bin auf die Linie

Zwei Shih-Tzus aus dem Zwinger „Ana-Ma-Was“

von Ishu Tzu etwas genauer eingegangen, um zu zeigen, wie in den USA am Anfang die Linien gekreuzt wurden. Das geschah aus Unwissenheit, kam später aber nicht mehr vor. Ishu Tzu brachte die wunderschönen, einfarbigen Goldtöne in die englische Shih-Tzu-Zucht ein, da in dieser Zeit alle dort zweifarbig waren.

Jungfältets Jung Ming wurde von Erna Jungefeld in Schweden gezüchtet und von Mrs. Longden im Austausch gegen den Rüden Fu Ling of Clystval importiert. Dieser wurde später ein erfolgreicher Deckrüde in Schweden und Champion. Jungfältets Jung Ming kam zwar aus skandinavischer Zucht, stammte aber aus den drei China-Importen Aidza, Schauder und Laidza. Die enge Inzucht ergab sehr leicht gebaute, kleinere Hunde. Die Linie verlief weiter in seinen Söhnen Snaefell Huckleberry Finn, Ch. Chi Ma Chi of Antarctica und Chuangtse of Lhakang, brachte sehr gute, breite Kiefer in die Zucht, allerdings auch Überbisse, die in der skandinavischen Linie sehr oft auftreten. Viele Nachkommen hatten die sanfte, ruhigere Art der skandinavischen Shih-Tzu. Ein Grund dafür, daß die skandinavischen und englischen Blutlinien später vielerorts gekreuzt wurden. Allerdings fielen auch einige Welpen, die mehr einem Tibet Spaniel glichen; das hielt viele davon ab, ihn als Deckrüden zu wählen. Die vermutete Rückkreuzung ergab bei ganz normal erscheinendem Wurf plötzlich einen Welpen, dem die Haare nicht mehr wuchsen, und das so typische Eulengesicht entwickelte sich nicht.

Die Pekingesen-einkreuzung 1952

Im Laufe der Jahre bekam der Shih-Tzu Variabilität; vielleicht durch den Einfluß der verschiedenen Importe oder durch die Veränderung der Generationen. Schlechtes Pigment, vergrößerte Augen, lange Nasen, krause Felltextur und unklare Farben führten auch nicht gerade zur Beliebtheit der Rasse. Miß Ashton-Cross (Alderbourne), eine hervorragende Pekingesenzüchterin, hatte bemerkt, daß der Shih-Tzu im Alter die Attraktivität verlor, die er als Welpe besaß.

Miß Elfreda Evans („Elfann“) ebenso eine bekannte Pekingesenzüchterin, hatte ein gutes Auge für Form und Qualität. Sie meinte 1951, daß nur eine kleine Zahl von Shih-Tzus die chinesischen Frauen entzücken würden. Ohne Rücksprache mit dem Kennel-Club oder eingefleischten Züchtern paarte sie ihre schwarze Shih-Tzu-Hündin Elfann Fenling of Yram mit einem schwarzweißen Pekingesen-Rüden, dessen einziger Fehler war, daß er gerade Vorderbeine hatte. War das nicht die Praxis über viele Generationen der kaiserlichen Palastzucht in Peking gewesen? Es war notwendig, die richtige Mischung zu finden. Zu jener Zeit war nicht bekannt, daß Ishu Tzu aus einer Lhasa-Apso-Zucht stammte, aber darauf deuteten viele ihrer Nachkommen hin.

Der Kennel-Club gestattete diese Kreuzung mit Rücksicht auf die Verbesserung, die sie brachte, aber jede Generation mußte registriert und rückgezüchtet werden. Nach der vierten Generation wurden die Nachkommen als reinrassig bestätigt. Wichtig bei dieser Kreuzung war, daß der Pekingese gut durchgezüchtet war, im Gegensatz zu den importierten Shih-Tzu-Linien, die im Typ variierten oder deren genaue Abstammung sogar unklar war. Viele applaudierten Miß Evans für ihren Mut, den Shih-Tzu zu gestalten, andere waren entsetzt. Glücklicherweise blieben das Fell und der Typ des Shih-Tzu dominant, dadurch bestätigte sich, was in China vor langer Zeit begann. Heute verstehen viele Leute, daß diese Kreuzung ein Schritt in die gewünschte Richtung war. Drei Jahrzehnte später sind diese Verbesserungen schon wieder verwässert. Natürlich sind unsere Spitzen-Shih-Tzu von bester Qualität, aber es gibt zu viele mit schlechten Köpfen, spitzen Gesichtern, zu langen Beinen oder schlechter Körperform. Doch der Kennel-Club unterband weitere Kreuzungen. Deshalb muß man heute die Ishu-Tzu- kombiniert mit der Pekingesenkreuzlinie als ein Maß für den Shih-Tzu in England und der ganzen Welt ansehen. Kombiniert man das richtig, erhalten wir den beständigen Shih-Tzu-Typ.

Die letzten Shih-Tzu, die aus China nach England importiert wurden, waren die Hündin Hsi Li Ya, die in der Taishan-Linie von Lady Brownrigg aufging, sowie Maiting und Wuffles, mit denen die Lunghwa-Linie gegründet wurde. Letztere hatten mit den Shih-Tzu-Linien in England nichts zu tun. Maiting bekam einen Wurf von Wuffles, wurde dann von einem Lastwagen getötet. Eine Hündin aus dieser Paarung wurde mit einem Lhakang-Rüden gepaart, und Mrs. Widdrington hatte die Möglichkeit, eine Hündin zu bekommen: Guan-Yiang of Lungwa. Sie war schwarzweiß, hatte ein verschwenderisches Haarkleid, starkes Pigment und war kerngesund. All das vererbte sie an ihre Nachkommen, ebenso die Veranlagung von Gold und kamelfarben der Farbe Wuffles. Einige Nachkommen hatten lange Nasen und waren etwas hoch auf den Beinen; dies ist auf den tibetanischen Einfluß zurückzuführen. In der neueren Zeit wurden wieder Shih-Tzu aus anderen Ländern nach England importiert. Sie brachten verlorengegangenes Erbgut zurück.

Erfolgreiche Zwinger in England

Der älteste Shih-Tzu-Zwinger ist „Lhakang“ von Mrs. Gay Widdrington. Er wurde 1939 gegründet. Sein Grundstock war Mee Na of Taishan, aus der die berühmten Lhakang Shih-Tzu gezüchtet wurden, mit den unvergeßlichen Namen Ch. Mao Mao of Lhakang, Ch. Tensing of Lhakang, Ch. Shebo Tsemo of Lhakang, Ch. Jen Kai Koo of Lhakang, Ch. Soong of Lhakang, Chr. Lhakang Cassius und vielen anderen. Mrs. Widdrington stellt keine Hunde mehr aus, ist aber sehr interessiert an der Zucht, sie importierte 1988 aus Norwegen die schwarz-weiße Hündin Boreas Chinese Starlet und tiefgefrorenes Sperma des gold-weißen Rüden Ch. Boreas Golden Overlord. Davon fiel 1989 der erste Wurf in England. So holte man wichtige alte gesunde Blutlinien nach England zurück.

Elfreda Evans war erfolgreiche Pekingesenzüchterin, als sie sich auch der Shih-Tzu-Zucht annahm. Sie züchtete erfolgreich: Ch. Greenmoss Golden Talon of Elfann, Ch. Elfann Golden Puffball, Ch. Elfann Golden Beau Brummel, Ch. Elfann Golden Adonis, Ch. Greenmoss Golden Peregrine of Elfann und viele andere. Als Elfreda 1966 nach Somerset zog, hatte sie die gold-weiße Hündin Golden Bobbin und die goldfarbene Elfann Sunshine of Greenmoss dabei, mit denen sie ihre Linie weiterführte. Sie starb am 13. März 1985 kurz vor ihrem 91. Geburtstag.

Olive Newson war ebenfalls eine erfolgreiche Pekingesenzüchterin, bevor sie zur Shih-Tzu-Zucht kam, ihre Linie wurde gegründet auf Taishan-, Chasmu- und Lhakang-Linien und brachte viele Champions wie Ch. Domese of Telota, Ch. Dominic of Telota, Ch. Telota Anuska, Ch. Telota Simon Chen; nicht zu vergessen Choo T'Sun of Telota, der selber nicht Champion wurde, aber Vater des berühmtesten Champions aller Zeiten, Greenmoss Chinki of Meo, war.

Antarctica Shih-Tzu sind im Besitz von Ken Rawlings, der mit seiner Frau Betty über viele Jahre großartige Hunde züchtete, wie Ch. Fleeting Yu Sing of Antarctica, Ch. Mi Ting Mo of Antarctica, Ch. Pan Wao Chen of Antarctica, Ch. Ya Tung of Antarctica, Ch. Harropin Chaka Khan of Antarctica und viele andere.

Der Zwinger „Greenmoss“ wurde gegründet von Arnold und Jean Leadbitter für Cairn Terrier. Sie fanden dann Interesse an dem Shih-Tzu und züchteten eine Linie aus Wyndtoi, Lhakang und Elfann. Mit dem Champion Mei-saki of Greenmoss wurde dieser Zwinger bald einer der erfolgreichsten in England. Der größte Erfolg war, den Rüden und späteren Champion Greenmoss Chinki of Meo in einem Privathaushalt zu erwerben; er war bereits drei Jahre alt, hatte aber noch nie gedeckt. Er wurde einer der besten Vererber in England: 13 Englische Champions und viele Champions im Ausland. Unvergeßliche Namen sind Ch. Greenmoss Chinkis Fling, Ch. Greenmoss Soket Tumi, Ch. Chin Ling of Greenmoss, Greenmoss Glory Bee, Ch. Greenmoss Bee in a Bonnet.

„Santosha Shih-Tzu" sind im Besitz von Susan und David Crossley; dieser Zwinger gehört über Jahrzehnte zu den Top-Shih-Tzu-Zwingern in England. Erfolgreiche Hunde aus diesem Zwinger gehen in die ganze Welt und tragen dazu bei, den Beliebtheitsgrad der Rasse zu steigern. Viele Champion wie Ch. Santosha Bewitched, Ch. Santosha Sundawn, Ch. Santosha Sunking, Ch. Santosha

Ch. Santosha Sunking

Royal Flush, Ch. Firefox of Santosha, der höchstprämierte Shih-Tzu aller Zeiten in England, oder die schwarz-weiße Hündin Santosha Tiger Lilly trugen zum Erfolg dieses Zwingers bei. In der neueren Zeit sind sehr erfolgreich Ch. Santosha Red October und Ch. Santosha Chocolate Orange.

„Hashanah Shih-Tzu" sind im Besitz von Judy Franks. Diese startete ihre Zucht mit der Hündin Weatsom My Fair Lady of Hashanah und dem Rüden Weatsom Little Big Man of Hashanah, gezüchtet von Margret Stangeland, Zwinger „Weatsom". Beide Hunde waren nicht nur auf Ausstellungen erfolgreich, sondern auch als Elterntiere.

Champions wie Ch. Hashanah Hot Pursuit, Ch. Hashana No Jacket Required, Hashanah Take Me to the

Hashanah Sheer Audacity

Meikwei Sky Baby im Alter von acht Monaten

Top stammen aus dieser Verpaarung. Nachkommen sind Ch. Hashanah the Immaculats, Ch. Hashanah Sheer Audacity, Ch. Hashanah Tuff of the Top, Ch. Hashanah Just Like Kate und Ch. Hashanah Relentless Pursuit. Natürlich nicht zu vergessen die Zwinger „Lansu“, „Tricina“, „Harropine“, Whitethroat“, „Kuire“, „Hiona“, Bellakerne“, „Keytor“, „Meikwei“, „Weatsom“ und „Harropine“. In diesen Zwingern wurden und werden wunderschöne Shih-Tzu gezüchtet.

Der Einzug in Skandinavien

Die ersten Shih-Tzu kamen nach **Norwegen,** als Henrik Kauffmann 1932 aus China zurückberufen wurde, wo er als dänischer Geschäftsträger tätig war. Kurz vor der Rückkehr erwarb seine Frau eine schwarzweiße Shih-Tzu, genannt „Schauder“. Sie war eine von vielen, die anläßlich einer religiösen Zeremonie eigentlich verbrannt werden sollten. Frau Kauffmann suchte nach weiteren Hunden, fand noch zwei, die sie auch mit nach Norwegen nahm.

Schauder war 1931 in Shanghai geworfen, sie stammte ab von Aidzo-Hu und Hu-Luh. Aidzo war ebenfalls schwarzweiß und 1930 in Peking aus den Eltern Law-Hu und Lun-Geni gefallen. Leidza, eine goldfarbene Hündin, wurde im kaiserlichen Palast 1928 geboren, als Nachkomme von Chin-Tai und Wu-Hi. Sie war der einzige Shih-Tzu in Europa, der aus den kaiserlichen Palästen stammte.

Frau Kauffmann hatte von allen Hunden Namen, Abstammung sowie Datum und Ort der Geburt registriert. Die drei Hunde und ihre Nachkommenschaft wurden mehr als zwanzig Jahre nur untereinander gepaart, ohne jeglichen Einfluß fremder Linien. Einer der besten Vererber aus der Nachkommenschaft von Aidzo und Schauder war Lingen. Seine Enkelin, Norwegischer und Schwedischer Champion Voksenliast Shih-Tzu, wurde von ihrem Vater, dem Norwegischen Champion Law Hu II, und ihrem Sohn, Yun Toy, gedeckt. Dies brachte großen Einfluß in die Rasse. Die Frau des dänischen Konsuls, Elsie Grum, war fasziniert von den Hunden und erwarb Ting a Ling (aus Lingen und Leidza).

Als Lhasa Terrier wurden die Hunde zunächst vom Norwegischen Kennel-Klub eingetragen. Als die Rasse 1934 von der Fédération Cynologique Internationale (FCI) unter dem Namen Shih-Tzu anerkannt wurde, änderte der Norwegische Kennel-Klub die Eintragung 1939 entsprechend. In Norwegen haben die Rasse sehr beeinflußt die Zwinger „Voksenliast“ (Asta Kellisken), „af Dux“ (John Normann) und „Flinthaugs“ (Adele Heyerdahl). In vielen Ahnentafeln Skandinaviens tauchen diese Zwingernamen auf. Astrid Jeppessen gründete ihren Zwinger „Björneholms“ in den vierziger Jahren mit der Hündin Mai Ling Tzu af Dux. Sie züchtete linientreu nach den Kauffmann-Hunden ohne eine Fremdblutzufuhr. Ihre Hunde gewannen über viele Jahre Einfluß, nicht nur in Skandinavien, sondern auch in Deutschland und den Niederlanden.

Die ersten Importe aus England machte Hana Anderson 1951 mit dem schwarzen Rüden Shebo Schunder of Hungjao und der Hündin Looching of the Mynd. Diese waren bedeutend größer, schwerer in den Knochen und paßten nicht in das Bild der damaligen dänischen Shih-Tzu, die bedeutend höher in den Beinen, kürzer im Rücken und leichter in den Knochen waren.

In **Schweden** begann Erna Jungefeld (Zwinger „Jungfältets“) ihre Shih-Tzu-Zucht mit Björneholms Pippi. In derselben Zeit wurden die Shih-Tzu-Zwinger von Anna Haufmann („Sheperds“), Frau Wifalk („Wi Lu's“), M. Larson („Nankings“) ebenfalls mit Shih-Tzu aus der Björneholms-Linie begründet. Später importierte Erna Jungefeld aus England den Rüden Fu Ling of Clystvale im Austausch zu Jungfältets Jung Ming. Dieser Rüde stammte aus Pekingeseneinkreuzung und sollte die Größe der Shih-Tzu in Schweden korrigieren. Fu Ling entwickelte sich zu einem erfolgreichen Vererber und wurde Champion. Der Austausch der verschiedenen Shih-Tzu-Linien in den skandinavischen Ländern war

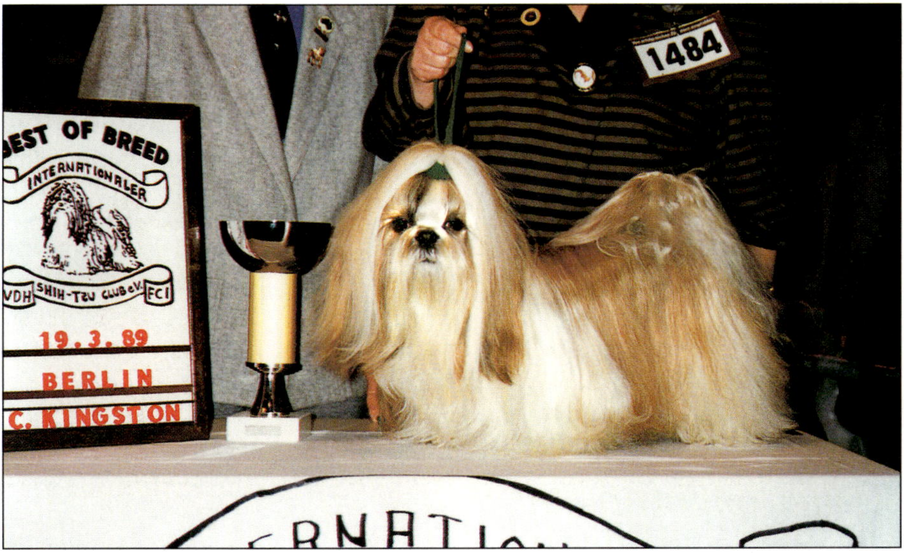

Int. Ch. Jahreshund 1989 Boreas Little Apollo (Z: B. Hasle, Norwegen; Bes.: Annemarie Baumeister, Dänemark)

groß und verhalf der Rasse zu Qualität.

Anita und Kurt Berggren gründeten ihren Zwinger „Anibes“ 1962 aus der Björneholms- und Jungfältets-Linie. Erst später flochten sie die englische Linie „Lansu“ (von Tom Hoyle) mit Int. Ch. Kurt's Boy of Lansu ein. Dieser wurde Schwedischer Champion und war ein erfolgreicher Vererber bei den Hündinnen der Kauffmann-Linie und erfolgreichster Deckrüde 1977, 1978 und 1979. Die Berggrens importierten die Hündin Ch. Bellakerne Suki Sue aus England, die sehr erfolgreich wurde, erst recht in den achtziger Jahren die Rüden Ch. Greenmoss Titfer Tat und Ch. Whitethroat Jarvis als phantastische Vererber.

Major Börre Hasle gründete seinen Zwinger „Boreas“ mit einer skandinavischen Shih-Tzu-Hündin, er importierte Shih-Tzu aus den Zwingern „Lhakang“, „Lansu“, „Elfann“ und „Whitethroat“ aus England, und aus seinem erfolgreichen Zwinger gingen schon über einhundert Champions hervor. Erwähnt werden muß noch der erfolgreiche Zwinger „Zizi“ von Ruth Laaks.

Nach **Finnland** wurden die ersten Shih-Tzu 1955 importiert von Irja Kunnari. Dann begann Antti Seppala die Shih-Tzu-Zucht mit der norwegischen Hündin Chow-Ah-Ling, importierte Hunde aus England und aus Schweden von Frau Birte Larsen-Rosvall (Liliencrons). Weitere Zwinger in Finnland waren oder sind „Marella“ (H. Mutanen), „Kauhakuusen“ (Pekki Vaissi), „Sirklahden“ (Sirkka Lahdenpera). Ohne die skandinavische Shih-Tzu-Zucht gäbe es keine Shih-Tzu-Zucht in Deutschland.

Der Shih-Tzu in Deutschland

Die Shih-Tzu-Zucht in Deutschland begann, als Erika Geusendam (Afghanen-Züchterin seit 1955, Zwinger „Sirda Barakh“ auf einer Hundeausstellung in Hamburg Astrid Jeppessen aus Dänemark mit ihren Shih-Tzu vom Zwinger „Björneholms“ sah. Sie war begeistert und bestellte eine Hündin, die sie 1960 erhielt: Björneholms Ling-Fu. Diese wurde in vielen Ländern ausgestellt, zumal die Leute diese Rasse nicht kannten und kaum ein Richter sie schon gerichtet hatte.

Es kam vor, daß Frau Geusendam den Standard erst dem Richter geben mußte, damit er die Rasse später bewerten konnte. Björneholms Ling-Fu entwickelte sich zu einer großen Botschafterin der Rasse, und viele Hun-

Erika Geusendam („Tschomo-Lungma“) und Mrs. Gay Widdrington („Lhakang“) in Lübeck 1986

defreunde konnten sie auf den Ausstellungen sehen.

Diese Hündin wurde gedeckt von Ch. Björneholms Wu Ling und bekam ihre Welpen normal. Um sicher zu sein, daß auch alle Welpen geboren waren, ließ Frau Geusendam einen Tierarzt kommen; dieser gab der Hündin eine Wehenspritze und eine Spritze, um die Milchproduktion anzuregen. Aber die Hündin bekam Krämpfe und ging ein und kurz danach die Welpen. Frau Geusendam mußte noch einmal bei Frl. Jeppessen anfragen und erhielt eine wunderschöne kleine Hündin, Björneholms Ting a Ling, mit der sie ihren Zwinger „vom Tschomo-Lungma" gründete.

Ting a Ling war grau-weiß, was später honig-weiß wurde, fünf Kilogramm schwer, eine vorzügliche Zuchthündin, und sechs ihrer Welpen wurden Champion. Der erste Wurf nach dem Rüden Björneholms Bhadro im Zwinger „vom Tschomo-Lungma" fiel am 6. Oktober 1963 und war der zweite lebend geborene Shih-Tzu-Wurf in Deutschland. Es waren drei Welpen, ein Rüde Taso und zwei Hündinnen Tang-La und Tangra. Die Idee von Frau Geusendam war, ihre Linie auf Björneholms Shih-Tzu weiter zu züchten, die ja auf die drei ersten Hunde der Familie Kauffmann aus Norwegen zurückgingen, ohne die Pekingeseneinkreuzung.

Um frisches Blut einzukreuzen, importierte sie in den sechziger Jahren die gedeckte Hündin Geltree Chue Pan aus Australien sowie die Hündin Geltree Mao Hsueh. Beide Hündinnen waren aus einer einkreuzungsfreien englischen Linie. Leider war Chue Pan nicht in der Lage, normal zu werfen, und bekam mit Kaiserschnitt einen Welpen: den Rüden Geltree Pandit, der später großen Einfluß auf die Linie von Etta Pauptits Zwinger „v. d. Oranje Manege" in Holland hatte. Mao Hsueh bekam im Zwinger „vom Tschomo-Lungma" nur einen Wurf und ging dann nach Dänemark zu Astrid Jeppessen.

Nach langer Korrespondenz mit Mrs. Widdrington teilte diese mit, daß es nur noch einen Rüden aus ihrer Zucht gebe, der mit einer Hündin ohne Pekingesenblut gepaart werden könnte. Diese sei in Privatbesitz. Falls die Paarung erfolge, müsse Frau Geusendam den ganzen Wurf nehmen. Man einigte sich, und es fielen fünf Welpen, vier Rüden und eine Hündin, Vater Mister Wu of Lhakang, Mutter Gun-Yiang of Lunghwa. Die Welpen kamen mit gut zehn Wochen nach Deutschland.

Hsi-La of Lhakang, eine kleine Hündin, wurde später erfolgreich für die Zucht von „Tschomo-Lungma". Dies waren die einzigen Importe, die Frau Geusendam in ihre Linie einbrachte und bis in die Mitte der achtziger Jahre erfolgreich züchtete und ausstellte. Die Zwinger, mit denen Frau Geusendam Deckungen tauschte, waren „v. d. Oranje Manege“ (Etta Pauptit), „Vibes“ (Vibeke Vamberg), „Thaions“ (Mia Boisen). Zum großen Erfolg des Zwingers „vom Tschomo-Lungma“ trugen bei 23 Internationale Ch., 2 Ch. Belgien, 6 Ch. Kanada, 19 Ch. Deutschland, 6 Ch. Frankreich, 3 Ch. Italien, 6 Ch. Luxemburg, 2 Ch. Monaco, 8 Ch. Niederlande, 2 Ch. Spanien, 5 Ch. USA, 7 Ch. Schweiz, 7 Ch. Österreich, 2 Ch. CSFR, 5 Ch. Dänemark sowie mehrere Bundessieger, Europasieger und Weltsieger. Wichtige Hunde in der Zucht waren Ch. Ollo vom Tschomo-Lungma und der phantastische Ch. Faran vom Tschomo-Lungma, letzterer war ein vorzüglicher Vererber und paßte gut zu englischen Shih-Tzu-Hündinnen.

Im Jahre 1986 richtete Frau Geusendam auf einer Spezialzuchtschau in Schweden und bestellte bei Anita Berggren eine Hündin zur Blutauffrischung. Es wurde daraus der Rüde Anibes Shot in the Dark, geboren am 8. Dezember 1986 und abgeholt am 6. März 1987. Bobbo, so ist sein Hausname (Vater Ch. Whitethroat Jarvis und Mutter Ch. Yring's no

Int. Ch. Cassius Clay vom Heydpark (Z. und Bes.: Carola Vorderstemann)

stuffed Toy for Anibe), entwickelte sich zu einem wunderschönen Rüden und wurde erfolgreich in die Linie „vom Tschomo-Lungma“ eingebracht. Sein einziger Makel: die von Frau Geusendam so unerwünschte Pekingeseneinkreuzung. Frau Geusendam stellt, altersbedingt, heute ihre Hunde nicht mehr aus, züchtet aber noch und ist am Shih-Tzu-Geschehen weiter sehr interessiert. Eine große Wegbereiterin für die Rasse in Deutschland.

1965 wurde der Shih-Tzu-Zwinger von Anne Rose Reck, „Nodis-Khan“ mit der Hündin Mongols Senorita begründet. Diese Hündin war in Schweden gezüchtet und kam über Etta Pauptit aus Holland zu Frau Reck, die leider nicht sehr an Ausstellungen interessiert war, sondern bemüht, sehr kleine Shih-Tzu zu züchten. Mit einer ihrer Hündinnen, Nodis Khan Petula, wurde von Frau Tschackert der Zwinger „von der Mönau“ in den siebziger Jahren gegründet. Der Zwinger „Ningshia“ wurde 1965 in Deutschland für Major Elisabeth Ross geschützt. Frau Ross war Angehörige der Britischen Rheinarmee und züchtete mit Shih-Tzu aus dem Zwinger „Lhakang“; sie war eine eifrige Ausstellerin und bemühte sich in jener Zeit viele Artikel, die in England über die Rasse veröffentlicht worden waren, ins Deutsche zu übersetzen und weiterzugeben.

Ruth Vorderstemann sah 1966 auf einer Ausstellung in Berlin ein zauberhaftes Wollknäuel: Es war Samten vom Tschomo-Lungma, der bald danach in ihren Besitz kam, ein Sohn von Ch. Björneholms Pif und Ch. Tang La vom Tschomo-Lungma. Er war ein wunderschöner und erfolgreicher Schauhund, wurde 1968 Bundessieger, hatte jedoch leider nie Nachwuchs.

Später kamen noch Hunde aus England, Norwegen, Holland und den USA hinzu. 1975 arbeitete ihre Tochter, die heutige Eigentümerin des Zwingers „vom Heydpark“, Carola Vorderstemann, im Zwinger „Greenmoss“ in England, von dort brachte sie den Rüden Hyning Gotcha of Greenmoss mit. Dieser war sehr erfolgreich in der Zucht, tat sich aber schwer auf den Ausstellungen, weil zu der damaligen Zeit in Deutschland die Tendenz zu den sehr kleinen Shih-Tzu ging. Der Zwinger „vom Heydpark“ wurde sehr erfolgreich, als Carola Vorderstemann einige Zeit in Frankreich bei Frau Danielle Ulrich lebte. Die Chance, die Elsudan-Linien zu nutzen, brachte großen Erfolg für die „Heydpark“-Shih-Tzu Int. Ch. Yasmin Tu Yu, Int. Ch. Ucello, Int. Ch. Quanum II, Int. Ch. Cassius Clay und viele andere erfolgreiche Hunde, die in der Zucht sind und auf Ausstellungen gezeigt werden. Inzwischen lebt Carola Vorderstemann wieder in Deutschland

Int. Ch. Al Jarreau of Jenshu (Z. und Bes.: Jens Niedergesäß)

und züchtet ihre Hunde in Hövels im Westerwald. In den 70er Jahren gab es in Deutschland keine erfolgreichen Shih-Tzu-Zuchten außer „Tschomo-Lungma“ oder „Heydpark“.

Als Linda Reinelt, später Reinelt-Gebauer, an der Rasse Gefallen fand, erwarb sie 1976 zwei Hündinnen, Keytor Sweet Jasmin und Keytor Marissa, die später zu Ruth Krüss ging (und diese damit ihren Zwinger „zum Fledermaustürmchen“ gründete). Ch. Thaions Thai, Vater des berühmten Ch. Faran vom Tschomo-Lungma, deckte Sweet Jasmin, und daraus fielen drei Hündinnen und ein Rüde, dies waren die ersten „Lin-Pearl's“-Shih-Tzu .

Eine Hündin, Amanda Sweet of Lin-Pearl, ging an Jens Niedergesäß, und dieser gründete damit den „of Jenshu“-Zwinger. Amanda wurde von Taions Piyu gedeckt, und daraus stammte einer der erfolgreichsten Rüden Europas, Int. Ch. Al Jarreau of Jenshu; andere erfolgreiche Hunde waren Int. Ch. Imena Sweet und Int. Ch. Pamela.

Frau Reinelt war der Meinung, daß für die Rasse mehr getan werden sollte. Sie regte 1980 die Gründung des „Internationaler Shih-Tzu Club e. V." an und wurde Vorsitzende. Fast sechs Jahre braucht man, dann wurde endlich die Rasse vom VDH (Verband für das Deutsche Hundewesen e. V.) anerkannt. Sie wurde bald immer beliebter, es wurden neue Hunde aus England und Schweden importiert, die helfen sollten, die Rasse in Deutschland zu verbessern. Frau Reinelt-Gebauer importierte den Rüden Ch. Puttin on the Top Hat aus England, dessen Mutter Ch. Anibes Puttin on the Ritz aus Schweden gekommen war. Orion Pennies F'Thougths kommt aus der Keytor-Linie. Charmane z Bilych fjordu, eine kleine gold-weiße Hündin, wurde ihr auf der Weltausstellung 1986 in Wien von Vlasta Terasikova aus der ČSSR in die Hand gedrückt. Diese Hündin war eine Tochter von Ch. Charing Cross Prince Andrew, der aus den USA in die ČSSR importiert wurde. Charmane besaß die besten Blutlinien, wie Lansu und Elfann sowie Tschomo-Lungma. Mit dem Int. Ch. Greenmoss Song of Bee von Danielle Ulrich hatte sie im ersten Wurf die wunderschöne Hündin Ch. Lin-Pearl's Sing a Song, im dritten Wurf mit Ch. Puttin on the Top Hat den Int. Ch. Lin-Pearl's Velvet Cloude.

Ruth Krüss gründete, wie schon erwähnt, ihren Zwinger „zum Fledermaustürmchen" mit der Hündin Keytor Marissa. Im ersten Wurf mit dem Int. Ch. Ban-Zais Shu Baj Juz fielen fünf Welpen, davon wurde Antoinette Internationaler Champion und der schwarze Anthony Deutscher Champion. Im zweiten Wurf mit Int. Ch. Faran vom Tschomo-Lungma fielen drei Welpen, davon wurden zwei Champion, Bellamy blieb bei Frau Krüss und wurde ein erfolgreicher Deckrüde. Seine Schwester Ch. Ba-Ba-Lu zum Fledermaustürmchen kam zu Karin Bonn, die mit ihr den Zwinger „von Tsangpo" gründete. Aus dem letzten Wurf mit Ch. Sirikit Andy, dem Enkelsohn von Marissa, behielt Frau Krüss aus Marissa Ch. Happy Sunshine zum Fledermaustürmchen. Ruth Krüss züchtete bis zu ihrem Tod 1995 Shih-Tzu; diese Hunde waren kompakt und stabil, gesund und rassetypisch.

Günter und Trude Hamacher haben ihren Zwinger „von Savaredo" in den 80er Jahren gegründet, jahrelang war eine erfolgreiche Hündin Int. Ch. Saskia vom Heydpark, bis man aus England den späteren lnt. Ch. Maitang BeePee Super importierte, einfarbig gold und mit dieser Farbe dominant. Weitere Importe aus England waren Rockytop Brandysnap, Keytor Silk and Satin, Jaks Who Dares, Santosha Belinda, Keytor Paper Doll, deren erfolgreiche Nachzucht z. B. Ch. Yang Mao The Chu-Shin, Ch. Sammy, Ch. Cherry Bee, Ch. Ch. Funny Girl von Savaredo und andere.

Ein kleiner, erfolgreicher Zwinger „von Shen-Te“ ist im Besitz von Simone Menne. Sie kaufte sich 1981 in Holland von ihrem Konfirmationsgeld die Hündin Tutsi. Diese bekam im ersten Wurf von Int. Ch. Ban-Zais Shu Yo Kong drei Welpen, nur einer blieb am Leben, entwickelte sich zu einer Schönheit und wurde ein erfolgreicher Schauhund: Int. Ch. Deutscher Ch. VDH Ch. Shih-Tzu des Jahres 1986 Aramis von Shen-Te. Aus dem dritten Wurf, ebenfalls wieder mit Yo Kong, blieben im Zwinger Chopard Carem und Coco Chanell; Copard war schon erfolgreich in der Jugend mit Titeln wie Jugend-Ch. und Europajugendsieger. Seine Schwester mag keine Ausstellungen, ist aber sehr erfolgreich in der Welpenkiste mit ihrer schwarzweißen Nachzucht Dior und Int. Ch. Day-La von Shen-Te, die sie nach Multi Ch. Fjoeka-Fjock von Li-Liang bekam. Auf jeden Zwinger in Deutschland und dessen Zuchtziel einzugehen, würde dieses Büchlein sprengen, aber ich möchte nicht unerwähnt lassen Marie Christine Albers, „Du Parc des Tamaris“, Ilona und Andreas Senft, „Samajo's“ Horst Rochlitz, „Jumeaus'“ und andere, die mit Geschick wunderbare Champions züchteten.

Int. Ch. Jahreshund 1986 Aramis von Shen-Te (Z. und Bes.: Simone Menne)

Der erste Wurf in der damaligen DDR fiel 1967 aus Larcings Jencah, einer Hündin aus Schweden, später kam noch der Rüde Larcings Toto dazu. Mit diesen Hunden züchtete Helena Jäckel im Zwinger „Juwelchens". Bis Mitte der 70er Jahre blieb dieser Zwinger der einzige in der damaligen DDR, von Frau Jäckel wurden wenige Welpen gezüchtet. Dann importierte man Hunde aus dem Zwinger „vom Heydpark", „vom guten Kern" und aus dem englischen Zwinger „Kennstaff" (einem ausgesprochenen Händlerzwinger). Ab 1976 gab es die Zwinger „vom Himalaja", „Shan Loo", „Tadsch Mahal" und „v. d. Widderburg"; diese züchteten, und 1980 war man bei der Zuchtbuchnummer 350 angelangt. Der gültige Internationale Standard wurde von einigen DDR-Richtern teilweise ignoriert (anfangs forderten einige Scherengebisse und duldeten keinen Topknot etc.).

Bis 1982 wurden noch weitere Hunde importiert aus den Zwingern „Heydpark", „Juvela's", „von Oberhausen", „Marayma", „von Assam" und „Tschin-Tamani". Ende der 80er Jahre stieg die Welpenzahl auf ein Vielfaches an, Ausstellungen hatten sogar Meldezahlen von 50 Shih-Tzu und mehr. Die Qualität erreichte leider keine Steigerung. Importe wurden ab 1986 sogar unmöglich, die internationale Zusammenarbeit sank auf den Nullpunkt, der Zuchtverband wartete mit immer stärkeren Restriktionen auf. Doch dieses ist nun alles vorbei, und ich glaube, daß die Zukunft uns viele wunderschöne gesunde Shih-Tzu in Gesamtdeutschland bringen wird.

Der Rassestandard

Von der FCI verabschiedet am 24. Juni 1987

Ursprungsland Tibet; Patronat Großbritannien; Übersetzung Uwe H. Fischer (Oktober 1987).

Allgemeines Erscheinungsbild. Robuster, überreich behaarter Hund mit deutlich arroganter Haltung und chrysanthemenartigem Gesicht.

Charakteristika. Reaktionsstark (im Standard steht der Begriff „intelligent", der aber ex definitione auf Tiere nicht anwendbar ist), lebhaft und aufmerksam.

Wesen. Freundlich und unabhängig.

Ch. Firefox of Santosha

Kopf und Schädel. Kopf breit, rund, mit gutem Abstand zwischen den Augen. Strubbelkopf, wobei das Haar gut über die Augen fällt. Guter Kinn- und Backenbart, das Haar auf dem Nasenrücken nach oben gerichtet wachsend, so daß ein deutlich chrysanthemenartiger Effekt erreicht wird. Fang mit großer Breite, quadratisch, kurz, ohne Falten, behaart. Nase schwarz, bei leberbraunen Hunden oder solchen mit leberbraunen Abzeichen ist die Nase dunkelleberbraun. Länge von der Nasenspitze bis zum ausgeprägten Stop ungefähr 2,5 cm. Nasenrücken gerade oder ganz leicht aufgebogen. Oberkante des Nasenschwamms in gleicher Höhe oder ganz wenig tiefer als die unteren Lidränder. Weitgeöffnete Nasenlöcher. Abfallender Nasenrücken höchst unerwünscht, ebenso wie enge Nasenlöcher. Die Pigmentierung am Fang sollte so wenig wie möglich unterbrochen sein.

Augen. Groß, dunkel, rund, mit gutem Abstand voneinander, jedoch nicht hervorstehend. Herzlicher Ausdruck. Bei leberbraunen Hunden oder Hunden mit leberbraunen Abzeichen ist ein helleres Auge statthaft. Weiß eines Auges darf nicht sichtbar sein.

Ohren. Groß, Hängeohr mit langem Ohrleder. Knapp unterhalb des höchsten Punktes des Schädels angesetzt. Sie sind so dicht mit Haar bedeckt, daß sich dieses mit dem Nackenhaar vermengt.

Gebiß. Sehr breit, knapper Vorbiß oder Zangenbiß, Lippen geschlossen.

Vorderhand. Schultern gut zurückliegend, Läufe kurz, gut bemuskelt, mit kräftigen Knochen, so gerade wie möglich, um in Einklang mit einer breiten und tiefen Brust zu sein.

Gebäude. Die Länge zwischen Widerrist und Rutenansatz ist größer als die Widerristhöhe; geschlossen und stabil, Brust breit und tief, feste Schultern, gerader Rücken.

Kopfprofil

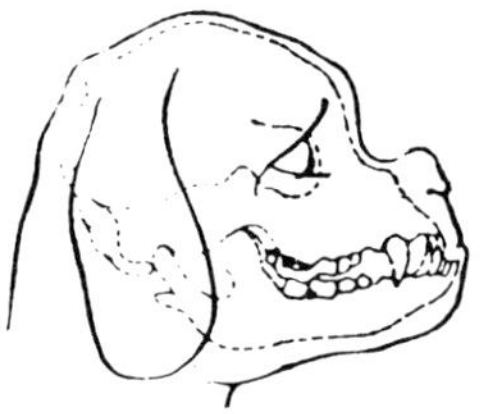

Richtig: guter Stop; leicht aufwärtsgebogene Nase; Abstand von Nase bis Stop und von Stop bis Hinterkopf ungefähr im Verhältnis 1:4 oder 1:5

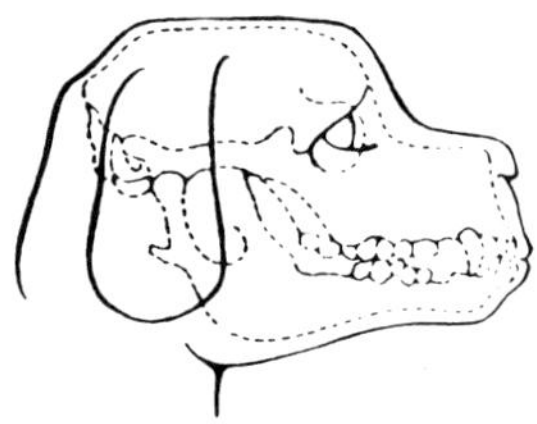

Falsch: lange, abwärtsgebogene Nase, zu flacher Stop

Der Kopf
Richtig: Ohrenansatz leicht unterhalb der Schädelkrone; Augen groß und rund, aber nicht vorstehend. Nasenoberlinie auf gleicher Höhe mit unteren Augenrändern

Kopf des Pekingesen zum Vergleich: flacher Schädel, große vorstehende Augen, Ohrenansatz hoch am Schädel

Kopf des Lhasa Apso zum Vergleich: schmaler Schädel, tieferliegende und längere Nase

Hinterhand. Läufe kurz, muskulös mit kräftigen Knochen. Von hinten betrachtet, gerade und parallel. Die Läufe erscheinen durch die reiche Behaarung stämmig.

Pfoten. Rund, fest und gut gepolstert. Sie erscheinen aufgrund der reichen Behaarung sehr groß.

Rute. Mit starkem Haarbusch fröhlich und gut über dem Rücken getragen. Hoch angesetzt. Der höchste Punkt des Rutenbogens etwa auf gleicher Höhe mit dem höchsten Punkt des Schädels, dies gibt dem Hund eine harmonische Silhouette.

Gangart/Bewegung. Arrogant, ruhig-fließend, Vorderläufe gut ausgreifend; energische Hinterhand-Aktion, hierbei werden die Ballen vollständig sichtbar.

Haarkleid. Lang, dicht, nicht lockig, mit guter Unterwolle. Leichte Wellen erlaubt. Es wird dringend empfohlen. das Schopfhaar hochzubinden.

Farbe. Alle Farben sind erlaubt. Bei mehrfarbigen Hunden ist eine weiße Stirnblesse und eine weiße Rutenspitze sehr wünschenswert.

Gewicht und Größe. Gewicht 4,5 bis 8,1 kg, Idealgewicht 4,5 bis 7,3 kg. Widerristhöhe nicht über 26,7 cm.

Typ- und Rasse-Charakteristika sind von höchster Bedeutung und dürfen unter keinen Umständen allein der Größe wegen geopfert werden.

Fehler. Jede Abweichung von den vorgenannten Punkten soll als Fehler angesehen werden, dessen Bewertung in genauem Verhältnis zum Grad der Abweichung stehen sollte.

Anmerkung. Rüden sollen zwei offensichtlich normal entwickelte Hoden aufweisen, die sich vollständig im Skrotum befinden.

Erläuterungen zum Standard

Allgemeines Erscheinungsbild und Charakteristika kann man eigentlich zusammenfassen. Selbstbewußtsein und Munterkeit sollten im Schauring zu sehen sein. Der Shih-Tzu sollte schnell und leicht laufen. Das Gebäude kann im Ring im Stand und in der Bewegung begutachtet werden. Ein Hund, der nur gut ist, wenn er aufgebaut ist, hat keinen richtigen Wert.

Darum soll man unbedingt auf alle Merkmale des Standards achten. Wichtig hierbei ist das Gangwerk. Die Standposition soll so natürlich wie möglich sein, das heißt auch, daß die Rute von alleine über dem Rücken getragen wird und nicht gestützt werden darf (mit der Hand). Bei den Welpen kann man ein Auge zudrücken, da diese die Atmosphäre einer Schau noch nicht gewohnt sind und erst lernen müssen, ihre Angst abzubauen.

Wesen. Es hört sich eigentlich nach einem Widerspruch an. Der Shih-Tzu ist ein freundlicher, aber auch sehr selbstbewußter Hund, besonders wenn es darum geht, seinen Willen durchzusetzen. Ebenso ist er unbestechlich, deshalb kann man ihn in gewisser Hinsicht auch als Wachhund bezeichnen.

Kopf und Schädel. Die Größe des Kopfes sollte im Einklang zum Körper sein und zusammen mit dem Nacken und der Rute eine Linie bilden. Das heißt, man sollte nicht sagen können, wo vorne oder hinten ist. Ein guter Kopf kann viel für das Aussehen der Rasse bedeuten. Höhe und Breite sollten im Zusammenschluß mit der Länge der Nase entscheiden, wie der Topknot ist. Es ist wichtig, daß der Kopf exakt aussieht, besonders wenn man von einem Shih-Tzu einen Eindruck gewinnen will. Ein guter Kopf ist sehr wichtig und sollte sich auf jeden Fall vom Lhasa-Apso und Pekingesen unterscheiden. Der Standard macht klar, daß leberfarbene Shih-Tzu nicht zu verwechseln sind mit goldfarbenen (das sind unterschiedliche Farben), die eine leberfarbene Nase haben. Der Grund dafür ist, das diese Hunde kein Gen für Schwarz besitzen.

Die **Nase** bekommt im Standard immer mehr Bedeutung, und dieses kommt ihr zugute. Deshalb gibt es auch hier folgende Punkte zu beachten: gerade, leicht nach oben zeigend. Die herunterdeutende Nase (downface) gibt ein vollkommen falsches Bild, denn die ansteigende Nase gibt erst den arroganten Ausdruck. Kleinere Shih-Tzu haben wegen korrekter Proportionen natürlich eine kürzere Nase. Hierbei darf man auch die weit geöffneten Nasenlöcher nicht vergessen. Der Länge der Nase und der Plazierung würde ich größte Beachtung schenken, was bestimmte Vorteile für die Rasse bringen wird. Um noch einmal auf die Nasenlöcher zu sprechen zu kommen: Zu enge Nasenlöcher können bei heißem Wetter Schwierigkeiten machen, Luft zu holen. Bei Welpen, die etwas engere Nasenlöcher haben, besteht die Möglichkeit, daß nach dem Zahnwechsel die Nasenlöcher weiter werden.

Augen. Der Standard sagt „groß“, aber die Größe sollte zum Kopf passen. Hierbei gilt wie auch bei der Nasenfarbe das Gestatten von hellbraunen Augen bei leberfarbenen Hunden. Das Weiß im Auge darf nicht zu sehen sein! Es setzt in der Wertung zurück, wird also bestraft. Viele Hunde zeigen Weiß in den Augen, vielfach liegt es daran, daß der Hund nicht geradeaus schaut oder daß der Topknot zu stramm gebunden ist. Dieses sollte man aber als erfahrener Richter sehen. Von den Augen sollte ein warmer und freundlicher Ausdruck ausgehen.

Ohren. Es wird hier nur von dicken Lederohren gesprochen, die von guter Länge sein sollten.

Gebiß. Eigentlich haben wir in Deutschland keine Probleme mit dem Gebiß, da seit vielen Jahren sehr auf eine gleichmäßige Zahnstellung und die korrekte Anzahl der Zähne in der Zucht geachtet worden ist. Allerdings sollte man die Zähne nicht zu sehr dramatisieren, der Shih-Tzu besteht nicht nur aus Zähnen. Was wichtig ist, der Fang sollte weit und die Lippen sollten eben und geschlossen sein. Eine aufwärtsgerichtete Nase hat manchmal einen starken Aufbißkiefer zur Folge. Aber solange die Zähne nicht sichtbar und die Lippen gerade sind, ist dieses in der Zucht keine Benachteiligung. Bei einer geraden Nase kann es vorkommen, daß das Kinn nicht genug ausgeprägt ist. Ein schiefer Kiefer wird in der Beurteilung als Fehler behandelt. Die Zähne werden im Rassestandard des Shih-Tzu nicht erwähnt, es sollten aber sechs Schneidezähne in jedem Kiefer sein; dieses sind die vorderen Zähne zwischen den Eckzäh-

Das Gebiß

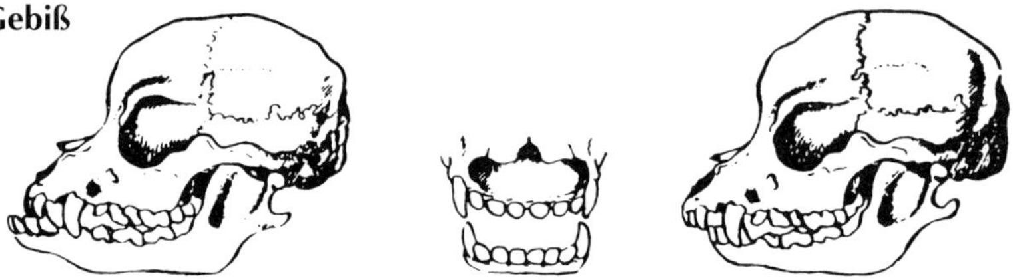

Richtig: Vorbiß, ca. 3 mm, oder Zangenbiß

Richtig: quadratische Kieferpartie

Falsch: Rückbiß

nen. Es gibt Shih-Tzu mit einer unregelmäßigen Zahnstellung im Unterkiefer, solange aber die Anzahl der Zähne stimmt und der Kiefer breit genug ist, sollte man dieses tolerieren. Hunde, die fünf Schneidezähne haben, sind auf der Ausstellung auf „sehr gut“ zu plazieren. Hunde mit nur vier Schneidezähnen sind aus der Zucht zu nehmen.

a. **Korrektes Gebiß.** Die unteren Schneidezähne greifen in Form einer Schere über die des Oberkiefers (Vorbiß), oder die Schneidezähne des Ober- und Unterkiefers stehen aufeinander (Zangengebiß). Die Zahnleiste der Schneidezähne verläuft gerade.

b. **Unkorrektes Gebiß.** Ein als fehlerhaft zu bezeichnender Rückbiß liegt dann vor, wenn die Schneidezähne des Unterkiefers deutlich hinter denen des Oberkiefers liegen. Hunde mit einem solchen Gebiß sind für Zucht und Ausstellung nicht geeignet.

Hals. Der Hals ist neu im Rassestandard. Es ist darauf zu achten, daß die Proportionen zusammenpassen (Kopf–Rute). Der Kopf soll stolz getragen werden, was aber nicht sagt, daß der Hals lang sein soll (Giraffenhals).

Vorderhand. Die Vorderläufe müssen gerade sein und von vorn gesehen parallel verlaufen. Sie sollten als eine Einheit betrachtet werden, denn Hals, Ansatz des Kopfes und der Schulter sind abhängig voneinander. Der Ansatz des Kopfes und die Plazierung des Schulterblattes sind äußerst wichtig. Über die Länge des Halses wurde schon viel gestritten. Einige Züchter behaupten, der Hals sollte kurz sein, denn sie sind der Meinung, ein langer Hals habe einen langen Rücken zur Folge, was aber nicht stimmt. Schauen wir wieder einmal in die USA, wo der Shih-Tzu einen anderen Standard hat als in der FCI. Die wirklich gewinnenden Shih-Tzu haben lange Hälse (wie Giraffen), aber kurze Rücken, mit dann auch noch flachen Ruten, was das harmonische Bild des Shih-Tzu stört. In den Fällen, da Brustkorbknochen und Halswirbel kurz sind, wird eine exakte Bewegungsfreiheit der Vorderläufe nicht gegeben sein, und der Hund wird kurz oder die Lenden werden zu lang sein. Um eine gut gelagerte Schulter zu erzielen, brauchen der Hals und die Brust eine ausreichende Länge, die Muskeln der Schulterblätter sind an Hals und Brust befestigt. Wenn die Muskeln lang sind, können diese wiederum weit zurückziehen und ergeben dann eine gut gelagerte Schulter. Die Befestigung des Schulterblattmuskels ist wesentlich bezüglich der Bewegung der Vorderläufe.

Die **Beine.** Der Rassestandard sagt: kurz; aber die Frage ist, wie kurz? Gerade hier liegt die Gefahr. Es ist allgemein üblich, in der Zucht verschiedene Punkte, bei denen die Maße nicht begrenzt sind, zu über-

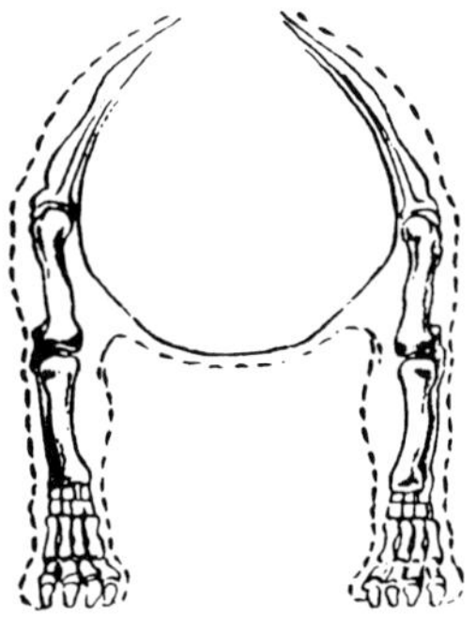

Vorderhand (Frontansicht)
Richtig: Ellbogen auf Höhe der Brustlinie: breite und tiefe Brust, Beine leicht gebogen

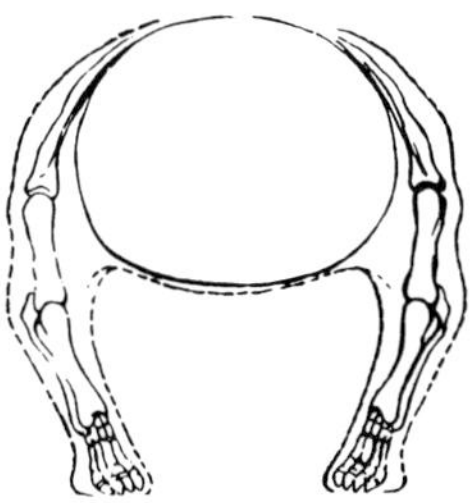

Falsch: faßförmige Brust bis Ellbogen, nach innen gerichtete gebogene Vorderpfoten

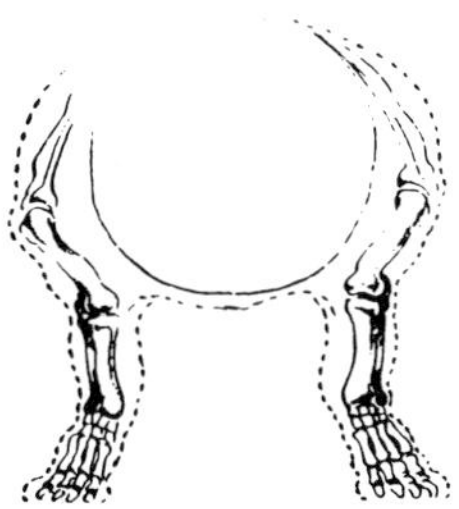

Falsch: „Pekingesentyp“; nach außen gerichtete Zehenstellung

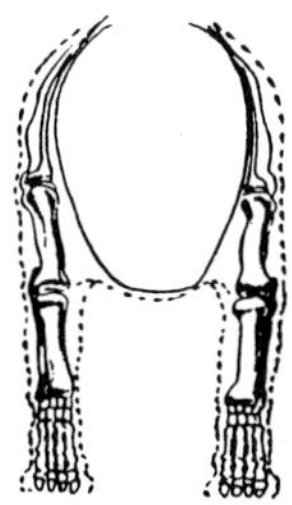

Falsch: „Terriertyp“; zu schmale Front, Beine zu gerade

Vorderläufe (Seitenansicht)

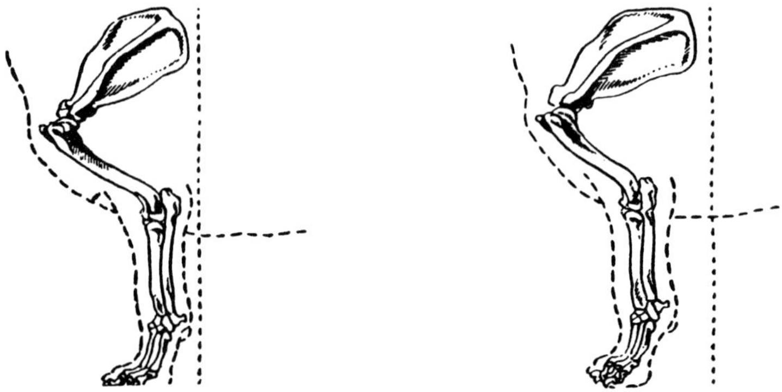

Richtig: vertikale Linie von Widerrist bis Fußende

Falsch: Oberarmknochen zu kurz, Ellbogen steht zu weit vor

treiben. Ein zu kurzes Bein gefährdet beim Laufen die Balance des Hundes; Lady Brownrigg nannte diesen Gang „Raupen-Gang". Zu einem harmonischen Gesamtbild gehört das richtige Verhältnis von Körperhöhe und Länge. Nach dem Standard soll die Körperlänge, gemessen vom Widerrist bis zur Schwanzwurzel, länger sein als die ebenfalls vom Widerrist aus gemessene Höhe (und nicht wie beim Lhasa Apso vom Ansatz der Schulter). Die Ellenbogengelenke sind deutlich gut am Rippenkorb angelagert. Der Abstand vom Ellenbogen zum Widerrist ist ein wenig größer als der vom Ellenbogen zum Boden. Widerrist, Ellenbogenhöcker und Pfoten liegen in einer Fallinie, das Schulterblatt, Unter- und Oberarmknochen der Beine sollten ungefähr von gleicher Linie sein. Wenn der Oberarmknochen zu kurz ist, ist mit Sicherheit der Bewegungsablauf gefährdet, denn dann stehen die Ellenbogen zu weit vor. Der Hund ist vorn zu tief und hat eine nach hinten ansteigende Rückenlinie. Es sei denn, der Hund hat eine zu hoch gelagerte Schulter. Die Beine sollten in Anbetracht des üppigen Haarkleides massiv aussehen. Die Knochen selber mehr kräftig als massiv; die Beine dürfen nicht gebogen sein. Bei der Bewegung sollen die Pfoten nach vorn gerichtet sein, was aber bei gebogenen Pfoten selten ist; jedoch bleibt dieser Fehler manchmal verborgen, wenn das Tier an einer strammen Leine geführt wird. Dadurch werden die Muskeln des Vorderviertels unterstützt. Die gut gewachsene Brustlinie sollte den breitesten Punkt nicht am Ellenbogen des Hundes haben, denn sie sollte ja breit und tief sein. Der Ellenbogenmuskel, wenn gut plaziert, sitzt unter dem breitesten Teil der Brust.

Gebäude. Wie schon erwähnt, sollte die Länge zwischen Widerrist und Rutenansatz größer als die Widerristhöhe sein. Der Körper soll kräftig und gut proportioniert sein, was nicht bedeutet, daß er dick oder kurz in der Länge ist. Viel zu oft hört man: „Er ist so schön und kurz", das sollte nicht so sein! „Kurz in der Verbindung", bedeutet die Entfernung zwischen der letzten Rippe und der Hinterhand, welches bei dem Shih-Tzu eine „lange Brust" ergibt. Dieser Punkt sollte aber nicht übertrieben werden, denn eine Hündin braucht längere Lenden, um sich während der Hitze und nach der Schwangerschaft zu lecken und zu säubern. Es

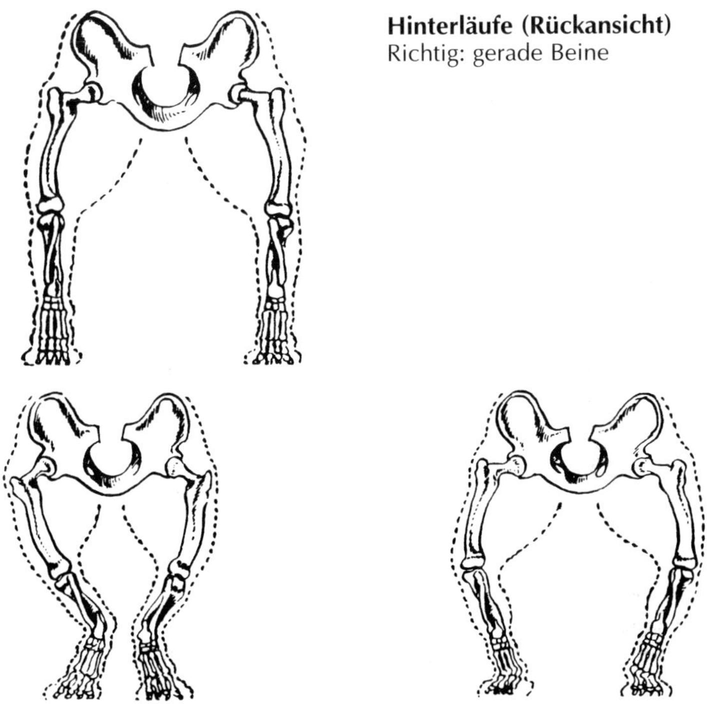

Hinterläufe (Rückansicht)
Richtig: gerade Beine

Falsch: sogenannter „Kuhgang"

Falsch: weit und gebogen

Körperlinie und Behaarung

ist nicht erwünscht, den Shih-Tzu mit einem zu langen Gebäude zu züchten, es könnten dann Schwierigkeiten mit der Wirbelsäule entstehen. Anderseits erlaubt ein zu kurzer Rücken die typgerechte Bewegung des Shih-Tzus nicht. Die Brust soll breit und tief sein, nicht tonnenförmig, wie es manchmal fälschlicherweise beschrieben wird. Zu viel „Tonne“ ergibt die nicht erwünschte, rollende Vorhandbewegung des Pekingesen. Der Körper des Shih-Tzu darf keine Taille haben, das heißt, die Bauchlinie ist weder aufgezogen, noch wird der Rumpf nach hinten schmaler. Rücken und Bauchlinie laufen fast parallel. Der Körper soll muskulös sein und nicht dick erscheinen und sollte in kräftiger Kondition sein, die Rippen sollte man noch fühlen können, sie sollten aber auch nicht zu dünn und knochig sein.

Die Rückenlinie sollte gerade, nicht hochgezogen (Karpfenrücken) oder nach hinten ansteigend sein. Ursachen dieser Fehler können sein eine zu steile Hinterhand oder eine zu lose Vorderhand, die den Bewegungsablauf stören. Sind alle Knochen korrekt ausgebildet, so ergibt sich zwangsläufig die richtige Haltung mit gerader Rückenlinie. Manchmal hat man Hunde, die in der Jugend etwas nach hinten ansteigen, bedingt durch unregelmäßiges Wachstum, doch reguliert die Natur im Heranwachsen diesen Nachteil. Ein gekrümmter Rücken ist durch eine Deformation der Wirbelsäule bedingt.

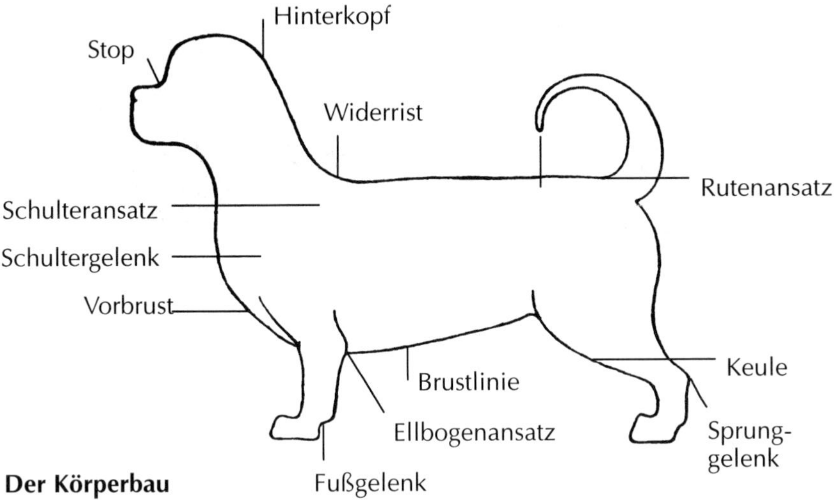

Der Körperbau

Hinterhand. Es ist sehr wichtig, auf die Winkelung der Hinterhand zu achten. Viele Shih-Tzu haben eine zu geringe Winkelung, was das Gangwerk beeinträchtigt. Diese Hunde laufen hinten steif und tippelnd. Die Beine sollen gerade und parallel sein, von hinten gesehen, von der Seite gut gewinkelt. Sie sollten nicht kuhhessig oder gebogen sein.

Pfoten. Wurde im Standard hinzugefügt. Man sollte bemerken, daß mit den langen Haaren an den Pfoten diese nicht immer rund aussehen. Die Pfoten sollten dick und kräftig sein.

Rute. Mehr Aufmerksamkeit gilt der Höhe der Rute, welche das Gleichgewicht des Hundes gibt. Sie soll so hoch sein, daß sie gerade in einer Linie mit der Höhe des Schädels ist. Das Gewicht des Haares kann sie tiefer fallen lassen als sie ist. Sie sollte aber auf keinen Fall flach auf dem Rücken getragen werden. Sie soll wie ein Teetopfhenkel getragen werden, mit der Spitze den Rücken antippend oder seitwärts getragen werden.

Gangart/Bewegung. Die ideale Bewegung ist frei. Die Nackenlinie nach vorne gestreckt. Der Shih-Tzu soll nicht wie ein Terrier laufen. Der Kopf wird arrogant gehalten. In der Hinterhandbewegung sollten die Läufe gerade wirken, beim Laufen sollte man die Ballen der runden Pfoten sehen. Das Gangwerk muß klar und gerade sein. Ein leichtes Rollen ist zu entschuldigen, der Grund dafür ist eine tiefe, breite Brust oder daß der Hund zu schnell läuft. Ist der Hund in allen

Teilen korrekt aufgebaut, wird er auch korrekte Bewegungen zeigen.

Haarkleid. Die Textur des Haares ist im Standard nicht beschrieben. Selbst bei einem schwarz-weißen Shih-Tzu fühlen sich die beiden Farben verschieden an und wachsen auch unterschiedlich. Die Unterschiede kann man fühlen, wenn man durch das Haar fährt. Leichte Wellen sind erlaubt, aber keine Locken. Es gibt heutzutage Präparate, mit denen man das Haar glätten kann, empfehlenswert ist das nicht. Als Unwissender erwirbt man einen Hund, dessen Naturlocken geglättet wurden, und dann wundert man sich, wenn man Welpen hat, die Locken aufweisen; man vertuschte ja diesen Mangel. Ein langes, fließendes Haar ist zwar erwünscht, aber wegen des Haares andere Punkte zu vernachlässigen, wäre der Untergang der Rasse. Eine gute Unterwolle wird im Standard gewünscht und ist wichtig. Aber eine zu starke Unterwolle birgt Schwierigkeiten beim Pflegen und macht viel Arbeit. Natürlich hat man die Möglichkeit, das Haar zu kürzen, wenn der Shih-Tzu nicht auf der Ausstellung gezeigt wird. Aber meine persönliche Meinung ist: dann kaufe man sich keinen Shih-Tzu, denn dieser wirkt so bezaubernd wegen seines langen Haares.

Farbe. Alle Farben sind erlaubt. Die einfarbigen goldenen Shih-Tzu haben meistens eine schwarze Maske und schwarze Ohrenfransen. Die Reihe der Farben, speziell die Gold-Schattierungen erregen viel Aufsehen. Es ist wunderschön, eine große Gruppe Shih-Tzu in den verschiedenen Farben im Ring zu haben. Es gibt Gold und Goldweiß in allen Pastellschattierungen, wunderschöne schwarzweiße, grau-weiße, silber und einfarbig schwarze Shih-Tzu. Alle diese Farben wirken erst richtig im natürlichen Sonnenlicht.

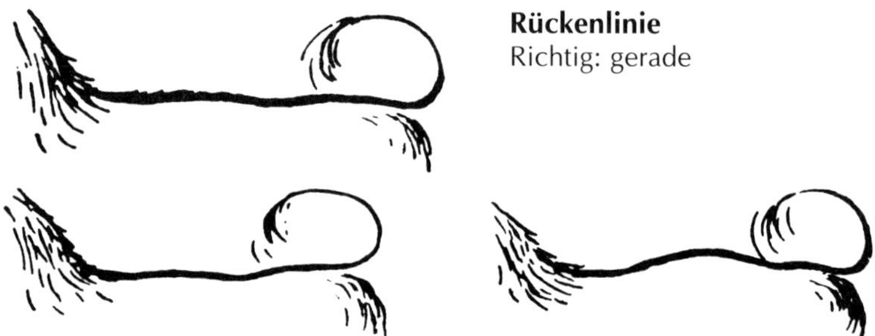

Rückenlinie
Richtig: gerade

Falsch: nach hinten ansteigend

Falsch: gekrümmt

Gewicht und Größe. Hier gibt es im Standard keinen Wechsel. Es gibt immer einen Unterschied der Größen bei den Shih-Tzu, und die Vorliebe ist in jedem Land anders. Der Shih-Tzu soll schwer für seine Größe sein. Größenvergleiche sind aber nicht sehr bedeutend, es gab in China und Tibet große und kleine Hunde, von denen unsere Shih-Tzu abstammen. Wichtig ist, daß alles zusammenpaßt. Der Standard enthält ein Idealgewicht und gibt eine Widerristhöhengrenze. Ein Shih-Tzu, der 4,5 kg wiegt, kann nie 26,7 cm hoch sein, dann wäre er hochbeinig und das harmonische Bild gestört. Es gibt eine Regel für alle: Die Größe und das Gewicht müssen zueinander passen.

Rasse- und Typmerkmale dürfen nicht der Größe geopfert werden. Es ist schwerer, einen kleinen Hund mit schweren Knochen zu züchten als einen großen.

Fehler. Aktuelle Fehler sind im Standard aufgelistet, und es ist eine Sache des Richters, die Fehler und die Qualität im ganzen abzuwägen. Der Standard ist eine Leitlinie, und kein Hund wird sie absolut erfüllen! Jeder Mensch hat ein anderes Verständnis des Standards, das ist natürlich. Darum hat man ja die verschiedenen Linien und Typen. Es gibt Züchter, die bei ihrem ersten Wurf schon denken, diese Hunde seien perfekt nach dem Standard; solche Züchter sind von Anfang an blockiert und zwingerblind. Ich habe mich lebenslang bemüht, meine Hunde mit nüchternem Blick anzusehen, Pluspunkte und Fehler registriert, aber nie die erkannten Fehler in einer Paarung gedoppelt. Züchten heißt kreativ sein; der Bauplan der Rasse ist der Standard.

Rutenansatz

Richtig: „topfgriffartige" Rute

Falsch: tiefer Rutenansatz

Falsch: zu flach

Falsch: zu kurzer Rutenbogen

Wie komme ich zu einem Shih-Tzu?

Bevor Sie sich einen Shih-Tzu kaufen, rate ich Ihnen, sich auf Ausstellungen umzusehen. Diese werden abgehalten vom VDH (Verband für das Deutsche Hundewesen e. V.) oder sind Spezialzuchtschauen des „Internationalen Shih-Tzu Clubs e. V.", der die Rasse in der Bundesrepublik Deutschland als Spezialclub vertritt. Auf diesen Ausstellungen können Sie Züchter kennenlernen und ein Bild von den ausgestellten Hunden erhalten. Haben Sie keine Hemmungen, fragen Sie ruhig den Aussteller, der Sie bestimmt beraten wird. Ich persönlich bevorzuge kleine Zwinger. Zwar ist es sicher leichter, einige gute Ausstellungshunde mit einer großen Zuchtbasis zu erzielen, aber wer trotz kleiner Basis stets auf den Ausstellungen vorne steht, beweist züchterisches Können.

Rüde oder Hündin?

Wenn Sie sich nun entschließen, einen Shih-Tzu zu kaufen, lautet die erste Frage: Rüde oder Hündin? Rüden sind unproblematischer als Hündinnen. Bei der Hündin können Sie davon ausgehen, daß sie anhänglicher sein wird und ein bißchen häuslicher – dafür aber auch zweimal im Jahr läufig. Die Hündin wird in der Hitze etwas Haar verlieren, es gibt sogar einige Shih-Tzu-Linien, die während der Hitze sehr stark haaren. Möchten Sie Ausstellungen besuchen, wird dieses ein Problem, der Richter erwartet ein perfektes Haarkleid. Selbst die besten Pflegemittel helfen dabei nicht. Haben Sie Ihre Shih-Tzu-Hündin nur im Haus, müssen Sie sie mehr bürsten und baden, damit das abgestoßene Haar nicht verfilzt. Ein Rüde ist in doppelter Hinsicht problemlos: Er behält ständig sein prächtiges Haarkleid, das aber natürlich auch gepflegt werden muß, und Angst vor einem unerwünschten Deckakt gibt es nicht.

Ahnentafel, Stammbaum, Impfpaß

Auf jeden Fall sollte Ihr Hund eine Ahnentafel, so nennt man den Abstammungsnachweis, haben. Alle Hunde, seien sie auch noch so reinrassig, gelten im züchterischen Sinn als fragwürdig, wenn sie keine Ahnentafel haben, auf der mütterlicher- und väterlicherseits die letzten drei Generationen rassereiner Ahnen eingetragen sind. Beim Hundekauf ohne Ahnentafel mit der Begründung des

Züchters, der Welpe sei dann billiger, ist größte Vorsicht geboten! Jeder seriöse Züchter verkauft nur Hunde mit der dazugehörenden Ahnentafel. Achten Sie darauf, daß die Ahnentafel wirklich vom Internationalen Shih-Tzu Club e. V. ausgestellt worden ist (nicht aber von einem obskuren Verein). Nur in diesem Club wird in Deutschland eine Hochzucht und Zuchtauslese durch Wurfkontrollen, Körungen und Spezialzuchtschauen betrieben.

Daß alle Welpen bereits vor dem Verkauf die erste Impfung gegen Staupe, Hepatitis und Parvovirus erhalten, ist selbstverständlich und wird durch die Zuchtordnung des Internationalen Shih-Tzu Clubs e. V. gefordert. Für jeden Welpen stellt der Tierarzt einen international anerkannten, mehrsprachigen Impfpaß aus, in den auch die späteren Impfungen eingetragen werden. Bei der Wurfabnahme wird geprüft, ob die Welpen geimpft und tätowiert sind: dazu gehört die Vorlage des Impfpasses.

Jeder Welpe ist im rechten Ohr mit ISTC (Internationaler Shih-Tzu Club) und im linken Ohr mit der Zuchtbuchnummer, die mit der in der Ahnentafel übereinstimmen muß, grün tätowiert. Also achten Sie darauf, daß Sie beim Kauf neben der Ahnentafel auch den Impfpaß erhalten.

Sechs Wochen alter Shih-Tzu-Welpe

Wieviel kostet ein Welpe?

Bedenken Sie, daß ein Shih-Tzu eine Lebenserwartung von 11 bis 15, ausnahmsweise bis 19 Jahre hat. Er ist also ein Partner, der Sie für ein gutes Stück Ihres Lebens begleitet. Sie werden wie ich zu der Ansicht kommen, daß der beste Hund gerade gut genug für Sie ist und nicht der billigste. Eine Kaufpreisdifferenz sollte nicht zum Grübeln verleiten. Ihr Shih-Tzu sollte Ihnen nicht nur wegen seiner Liebe, sondern auch wegen seiner Schönheit ans Herz wachsen. Preise für Shih-Tzu-Welpen zu nennen, ist sehr schwierig.

Man unterscheidet zunächst im Preis zwischen Haushunden und Zucht- oder Ausstellungshunden. Man kann Shih-Tzu bereits ab 500,– DM kaufen. Das sind ausgesprochene Liebhaberhunde, zwar gesund und natürlich, aber mit kleinen Abweichungen vom Standard. Welpen als Zucht- und Ausstellungshunde kosten dagegen ab 1200,– DM, wobei jedoch dem Preis für Qualität nach oben keine Grenzen gesetzt sind.

Wie alt soll der Welpe beim Kauf sein?

Nie habe ich einen Shih-Tzu unter zwölf Wochen abgegeben, weil ich glaube, daß die Zeit bei der Mutter und die Pflege des Züchters nach der

Ch. Hashanah No Jacket Required, neun Monate alt

Entwöhnung ausschlaggebend für das ganze Leben sind. Inzwischen sind gemäß Zuchtordnung des Internationalen Shih-Tzu Clubs e. V. alle Mitglieder verpflichtet, ihre Welpen nicht unter 12 Wochen abzugeben. Nach der 12. Woche kann ein Kenner der Rasse erkennen, wie sich der Welpe entwickeln wird, ob ein Ausstellungshund oder ein Liebhaberhund aus ihm werden kann.

Shih-Tzu, die mit 12 Wochen einen guten Typ zeigen und schon eine gute Größe haben, bleiben in der Regel bei mir, bis die zweiten Zähne kommen. Mit sechs Monaten schaue ich, wie die Augen werden (zuviel Weiß?), wie der Biß wird (Zangen- oder Vorbiß) und wie die Vorderhand ist (gerade oder gebogen), dann entscheide ich, ob ich diesen Shih-Tzu für Zucht, Schau oder an Privat verkaufe oder für meinen Zwinger behalte.

Wenn Sie ein eifriger Aussteller werden möchten, dann nutzen Sie die Möglichkeit, einen älteren Junghund zu kaufen. Denn auch ein Jungtier mit sechs Monaten wird sich ohne weiteres an Sie gewöhnen und Ihnen Freude machen. Sie können ab diesem Alter am besten sehen, wie die zukünftige Entwicklung verlaufen kann. Nehmen Sie den Standard und vergleichen Sie. Der Standard ist immerhin der „Bauplan“ oder das „Schnittmuster“, nach dem der Züchter züchtet.

Abholen des Welpen

Wenn Sie sich zum Kauf entschlossen und mit dem Züchter verständigt haben, ist der Tag, an dem Sie den Welpen abholen, nicht mehr fern. Da ist es natürlich wichtig, sich auf den neuen Lebenspartner im Haushalt einzustellen. Das heißt: Sie brauchen ein Körbchen mit Decke, zwei Näpfe für Wasser und Futter sowie eine leichte, geflochtene Stoffleine einschließlich Halsband.

Natürlich wird Ihnen jeder Züchter einen Futterplan und etwas Futter für die ersten Tage mitgeben. Lassen Sie sich von dem Züchter beraten, damit Sie keinen Fehler machen, und halten Sie sich in den ersten Tagen strikt an den Futterplan, ehe Sie ihn nach eigenem Gutdünken abwandeln.

Gehen wir davon aus, daß Sie den Welpen mit dem Auto abholen. Ihr kleiner Shih-Tzu ist jedoch das Autofahren nicht gewöhnt. Das hat oft Folgen, die sich als Angst, Unruhe und auch durch Erbrechen zeigen. Den Welpen sollte man deshalb bei seiner ersten Fahrt auf den Schoß nehmen, um ihm Geborgenheit zu geben und um die Fliehkraft in den Kurven auszugleichen. Hinzu kommt, daß der Welpe erhöht sitzt und die Umwelt besser wahrnehmen kann. Nach meiner Erfahrung führt diese Methode stets zum Erfolg. Alle meine Shih-Tzu wurden begeisterte Mitfahrer; wenn ich einkaufen gehe, brauche ich nur „Auto fahren“ zu sagen, und alles kommt in Aufregung und möchte mit. Wichtig ist, einige Frotteetücher und Papiertücher (Küchenrolle) für den Fall mitzunehmen, daß Ihrem neuen Hausgenossen ein Mißgeschick passiert.

Erste Tage im neuen Heim

Wenn Sie die Fahrt gut überstanden haben und zu Hause eingetroffen sind, setzen Sie den Welpen in den Garten oder auf die Wiese: Sie werden feststellen, daß er sofort näßt und sich vielleicht sogar löst. Ebenso einfach ist die Sache, wenn Sie keinen Garten haben: Legen Sie eine Zeitung in die Nähe seines Korbes. Sie werden es sehen – er wird hinlaufen und seine Geschäfte dort machen. Auf dieses spezielle Zeitungstraining komme ich aber noch zurück.

Ihr kleiner Shih-Tzu wird die neue Umwelt kennenlernen wollen und alles freudig beschnuppern. Nehmen Sie ihn auf den Arm und zeigen Sie ihm alles. Vermeiden Sie laute Geräusche, damit er nicht erschrickt. Abends, zur Schlafenszeit, setzen Sie ihn in sein Körbchen. Natürlich wird er seine Geschwister vermissen und jaulen. Sprechen Sie darum auf ihn ein, und beruhigen Sie ihn, aber verändern Sie nicht den Platz seines Korbes. Schon in der ersten Nacht entscheidet sich, ob Sie einen Bett-

Aylas Folly-Fop-Pepsy im Alter von sechs Monaten …

hund haben werden. Setzen Sie den Kleinen immer wieder in den Korb, und beruhigen Sie ihn, dann wird er bald einschlafen. Nehmen Sie ihn auf keinen Fall ins Bett. Lassen Sie ruhig Ihre Schlafzimmertür offen, damit er Sie hören kann. Bestimmt wird er morgens vor Ihrem Bett stehen und Sie wecken. Gehen Sie sofort mit ihm hinaus, auch wenn sich an der beschmutzten Zeitung zeigt, daß Ihr neuer Hausgenosse schon ein Geschäft gemacht hat. Dann weiß er für die Zukunft, daß Aufstehen mit Rausgehen verbunden ist.

Pflege und Stubenreinheit

Es versteht sich von selbst, daß auch beim Shih-Tzu die Stubenreinheit wichtig ist. Man kommt dazu auf einfache Weise: Wenn Sie keinen eigenen Garten haben oder sich in der Nähe Ihrer Wohnung kein geeigneter Platz befindet, dann führen Sie das „Papertraining" durch: Eine Zeitung wird in eine unauffällige Ecke gelegt, und wenn Sie das Gefühl haben, Ihr Welpe muß nässen oder sich lösen, setzen Sie ihn darauf. Ihr junger Shih-Tzu wird das schnell begreifen und diesen Platz als seine Toilette benutzen. Wir würden nicht so viele sarkastische Bemerkungen über Hunde im Hotel hören, wenn sie alle vernünftig erzogen wären. Welch ein Geschenk des Himmels ist doch die eingespielte Routine in puncto Sauberkeit nicht nur in der Wohnung selbst, sondern auch im Hotel oder im Zug!

Fellpflege ist von früher Jugend an unentbehrlich. Damit meine ich nicht etwa nur einen kurzen Bürstenstrich. Regelmäßigkeit und Gründlichkeit sind wichtig. Die folgenden Schilderungen beruhen auf Erfahrungen von mir und Frau Karin Bonn (Zwinger von Tsangpo), die wir in langen Jahren gemacht haben, in denen wir für unsere Hunde sorgten, angefangen

… und als ausgewachsener selbstbewußter Hund

bei den Champions bis hin zu den Zuchthündinnen. Ich fange schon im Welpenalter, also im Alter von sieben bis acht Wochen an, den Hund an die Bürste und an den Kamm zu gewöhnen. Beim täglichen Spiel benutze ich eine weiche Babybürste, lege den Welpen auf die Seite oder Rücken und bürste sein Fellchen vorsichtig. Hat der Hund sich an die Bürste gewöhnt, beginne ich mit dem etwas ernsteren Teil, dem Stilliegen. Denn das Liegen auf dem Tisch ist wichtig für ein gründliches Bürsten. Sonst kommt man nicht an alle Stellen des Körpers, die Folge wären Verfilzungen, die man dann nur schwer und mit viel Mühe entfernen kann. Sollte es dennoch einmal vorkommen, dann nicht gleich zur Schere greifen, sondern die Filzstellen mit einer Kämmlotion und etwas Öl (Nerzöl) einsprühen, mit den Fingerspitzen vorsichtig auseinanderzupfen und auskämmen oder bürsten. Falls das nicht mehr geht, muß man zur Schere greifen, aber dann immer in Richtung Haarfall schneiden, nie waagrecht! Auszupfen und auskämmen.

Klappt das Liegen auf der Seite, beginnt man mit der intensiven Pflege, beginnend mit den Beinen, und zwar mit den unten liegenden, damit man die noch weichen Knochen nicht so sehr renkt. Dann den Bauch, gefolgt von den Haaren der oberen Beine. Die Unterseite der oberen Beine erreicht man dann nach dem Umwenden. Schichtweise wird dann das restliche Fell gebürstet (Wildschweinbürste oder Drahtbürste ohne Noppen) und mit einem Metallkamm nachgestrichen, um das tote Haar auszukämmen. Aber immer von den Spitzen anfangend zum Körper hin arbeiten. Sonst reißt man zuviel kostbares Deckhaar aus, und unser Shih-Tzu sieht aus wie ein gerupftes Huhn. Hat man eine Seite fertig, dreht man den Hund auf die andere Körperseite und verfährt in der gleichen Weise. Zum Schluß setzt man den Hund vor sich auf den Tisch und kämmt vorsichtig den Bart und die Krone.

Das Baden

Zu schönem Haar und gepflegtem Hund gehört wenigstens alle zwei bis drei Wochen ein Bad. Benötigt wird dazu ein gutes, mildes und rückfettendes Shampoo, das nicht in den Augen brennt, und eine gute Spülung und Packung, zur Nachbehandlung oder zum späteren Kämmen eine Entfilzungslotion (No Tangel von Lambert Kay), Kamm und Bürste und ein guter Fön, dessen Temperatur regulierbar ist und nicht zu heiß wird (sonst bricht das Haar und bildet Spliß). Es gibt noch viele andere Pflegeprodukte, auf die andere Züchter schwören.

Lassen Sie sich von Ihrem Züchter beraten, der ihnen bestimmt alle Raffinessen seiner Shih-Tzu-Pflege zeigen wird. Man kann das Shih-Tzu-Haar mit Menschenhaar vergleichen, und man sollte auch so damit umgehen. Stellen Sie sich vor, Sie würden nicht regelmäßig Ihr Haar waschen: die Kopfhaut würde jucken, das Haar würde brechen und stumpf aussehen.

Vor jedem Bad den Hund durchbürsten und kämmen. Das Hundefell mit warmem Wasser gut durchfeuchten, das Shampoo gut verteilen und vorsichtig einmassieren. Nicht rubbeln, sonst entstehen Verfilzungen. Für den Kopf genügt meistens klares Wasser. Sollte es nötig sein, auch hier Shampoo zu benutzen, vorsichtig bei den Augen! Gut spülen, auf keinen Fall Seifenreste im Fell lassen, notfalls das Nachspülen wiederholen.

Wichtiges Pflegeutensil: die Bürste

Dem Hund die Nässe mit einem Handtuch aus dem Fell drücken und dann mit der Spülung oder einer Packung einreiben. Den Hund in ein Badetuch wickeln und 5 bis 10 Minuten sitzen lassen. Sehr gut ausspülen! Es dürfen keine Reste der Spülung bzw. Packung im Fell oder auf der Haut bleiben, sonst gibt es Juckreiz und eventuell sogar Ekzeme. Läuft das Wasser klar ab, den Hund in ein trockenes Handtuch wickeln und gut abdrücken (nicht rubbeln), besonders die Pfoten und die Ohren, da diese am schwersten trocknen. Bevor man mit dem Fönen beginnt, die Ohren vorsichtig immer mit einem Wattestäbchen (nachdem man aus den Ohren die Haare gezupft hat) reinigen und trocknen. Dann wird gefönt, nicht heiß, nur warm. Dazu legt man den Hund auf einer trockenen Unterlage auf die Seite und fönt ihn von der Hinterpfote bis zum Scheitel trocken. Ist eine Seite fertig, verfährt man in der gleichen Weise mit der anderen Seite. Dabei die Augen mit der Hand abdecken. Nach dem Trocknen den Hund für die nächsten zwei, drei Stunden nicht hinauslassen, sonst erkältet er sich! Aus diesem Grund bade ich meine Hunde abends nach dem letzten Spaziergang.

Wichtig ist, daß man nach dem Fressen dem Shih-Tzu mit einem feuchten Waschlappen den Bart reinigt und mit einem Kamm vorsichtig auskämmt. Sonst bleiben Reste im Bart hängen und können unangenehm riechen.

Auf den Haarwuchs brauchen Sie nicht zu achten, das Haar wächst unentwegt, zum Teil muß ich meinen Hunden die Haare kürzen, weil sie sonst zu lang werden. Ab und zu ein ölhaltiges Spray (Gliss, Mr. Groom Ring etc.) beim Bürsten benutzen, und Sie haben immer einen gepflegten Shih-Tzu.

Leinenführigkeit

Ich habe für meine Hunde immer leichte Stoffleinen, die man auf jeder Ausstellung kaufen kann. Sie können auch ein leichtes Lederhalsband mit Leine benutzen. Achten Sie aber darauf, daß das Halsband nicht ständig getragen wird, sonst verfilzt das lange Haar darunter. Nach jedem Spaziergang nehmen Sie das Halsband wieder ab. Benutzen Sie für einen Shih-Tzu nie ein Brustgeschirr, darunter verfilzt das Haar schnell, und sogar Schulterbänder und Vorderhand können dadurch lose werden. Die Gewöhnung an die Leine macht die wenigsten Schwierigkeiten. Sehr bald wird der Junghund begriffen haben und perfekt an der Leine laufen. Loben Sie ihn und belohnen ihn mit einem Leckerchen (Hundedrops). Denken Sie stets daran: Ein Shih-Tzu ist äußerst lernfähig und begreift sehr schnell.

Die Zucht

Angenommen, Sie haben einen guten, reinrassigen Welpen oder Junghund aus einer soliden Zucht gekauft, der auch schon erfolgreich auf Ausstellungen war. Falls es eine Hündin ist, sollten Sie sie nach sechs Monaten beobachten, um festzustellen, wann sie zum ersten Mal läufig wird. Wenn die Hitze mit sechs oder sieben Monaten kommen sollte, dürfen Sie das Tier natürlich noch nicht decken lassen. Das wäre der Entwicklung nicht zuträglich.

Die Zuchtbestimmungen des Internationalen Shih-Tzu Club e. V. sind schon für die beginnende Zucht bindend. Danach dürfen nur in einem von der FCI (Fédération Cynologique Internationale) anerkannten Zuchtbuch eingetragene und angekörte Rüden und Hündinnen zur Zucht verwendet werden.

Rüden müßte dazu die Formwertnote „Vorzüglich", Hündinnen die Note „sehr gut" von einem anerkannten Zuchtrichter zugesprochen worden sein. Das Mindestzuchtalter für Hündinnen beträgt 15 Monate, für Rüden 12 Monate. Als Höchstzuchtalter für die Hündinnen gelten acht

Pioniere der Shih-Tzu-Zucht in Europa: Astrid Jeppessen („Björneholm", Dänemark), Gay Widdrington („Lhakang", England), Anita Berggren („Anibes", Schweden) und Major Börre Hasle („Boreas", Norwegen)

Jahre; für Rüden gibt es kein Alterslimit.

Zwischen den Läufigkeiten liegt eine Zeit von etwa sechs Monaten. In den Monaten nach der ersten Hitze können Sie sorgfältig einen Rüden auswählen. Für den Anfang würde ich nicht dazu raten, sich einen Rüden zu kaufen.

Züchten heißt gestalten und erhalten! Ich schlage Ihnen vor, daß Sie zunächst Mitglied in einem spezialisierten Verein werden. Das ist eine Gruppe von Leuten, die sich für eine Rasse interessieren und für deren Erhaltung und Verbesserung arbeiten, sie haben einen Vorsitzenden, einen Schatzmeister und einen Zuchtbuchführer. Für Shih-Tzu ist in Deutschland der Internationale Shih-Tzu Club e. V. zuständig. Um Mitglied zu werden, müssen Sie als erstes einen Aufnahmeantrag an die Geschäftsstelle schicken, von dort werden Ihnen dann Satzung und Zuchtordnung des Klubs übersandt. Ihr Name wird nun in der Fachzeitschrift „Unser Rassehund" veröffentlicht, und wenn niemand dagegen Einspruch erhebt, dann sind Sie Mitglied.

Einmal eingeschrieben, würde ich die erste Gelegenheit ergreifen, eine der Klubschauen aufzusuchen. Diese werden von den Landesgruppen des Klubs veranstaltet und sind meist sehr familiär. Sie können dort andere Mitglieder kennenlernen und vor allem bei den ausgestellten Hunden die Gewinner des Tages ansehen, um eine Vorstellung vom Ideal, auf das Sie in der Zucht abzielen sollten, zu bekommen.

Außerdem wäre es nützlich für Sie, die monatlichen Treffs der Landesgruppen des Internationalen Shih-Tzu Clubs e. V. zu besuchen. Dort begegnen sie Züchtern und Liebhabern zum Austausch von Erfahrungen. Man hält Ringtraining ab, damit auch der Unerfahrenste lernt, wie man einen Hund auf der Ausstellung zeigt, es wird über die Haarpflege gesprochen oder wie man seinen Shih-Tzu vernünftig ernährt, um nur einige Beispiele zu nennen.

Wahl des Deckrüden

Die meisten gewinnenden Hunde werden vereinsöffentlich für Zuchtzwecke verwendet. Um es für den Anfänger zu erleichtern, werden im „Shih-Tzu Panorama", der Klubzeitschrift des Internationalen Shih-Tzu Clubs e. V., gewinnende Rüden oder Champions in der Deckrüdengalerie angeboten. Diese Rüden wurden bereits ausgestellt und haben sich durch guten Nachwuchs hervorgetan.

Das Deckgeld für einen durchschnittlichen Shih-Tzu-Rüden beträgt ab 400 DM, nach oben ist keine Grenze gesetzt. Natürlich können Sie den Züchter, von dem Sie Ihren Welpen gekauft haben, darum bitten, einen Deckrüden vorzuschlagen. Der

Züchter wird sicher dazu bereit sein, Ihnen bei der Rüdenwahl zu helfen, immerhin kennt er seine Linie und weiß, was zu ihr paßt.

Möchten Sie sich vielleicht selbst einen Deckrüden aussuchen? Dann nehmen Sie eine Ahnentafel-Abschrift Ihrer Hündin mit zur Ausstellung, und lassen Sie sich dort beraten. Die Zucht von reinrassigen Hunden ist heutzutage eine höchst wissenschaftliche Angelegenheit. Viele Bücher sind schon zu diesem Thema geschrieben worden.

Oft habe ich in meinem Zwinger erlebt, daß ein durchschnittlicher Rüde, egal mit welcher Linie er zusammentraf, ein besserer Vererber war als ein Super-Champion.

Wichtig ist: Weichen Sie nie vom korrekten Typ ab. Haben Sie eine bewährte Zuchthündin gekauft, mit bewährt meine ich natürlich eine gute Vererberin, die hochtypischen Nachwuchs zur Welt bringt, und nicht eine Hündin, die große Würfe brachte, in denen alles vorkam, dann können Sie ohne weiteres das Risiko eingehen, den allerbesten Rüden zum Decken zu nehmen – ohne Rücksicht auf das Deckgeld.

Für das erste Decken einer Junghündin möchte ich vorschlagen, daß Sie einen jungen Rüden zu einem mäßigen Deckgeldpreis nehmen, zum Beispiel den Bruder oder Sohn eines Champions. Sie werden feststellen, daß nach der Paarung Erfolg oder Versagen hauptsächlich von der Hündin abhängen.

Deshalb ist es von größter Bedeutung, daß sie zur Zeit der Paarung gesundheitlich in Top-Form ist und körperlich in gutem, zähem, nicht zu fettem Zustand.

Es ist wahrscheinlich, daß Sie einen großen Wurf besserer Welpen von einer gesunden, nicht zu fetten Hündin erhalten als von einer, die zu dick ist. Glänzendes Haar ist ein gutes Zeichen für die Gesundheit. Wenn das Fell Ihrer Hündin stumpf erscheint, ist vor dem Decken zu entwurmen; erfahrene Züchter machen dies grundsätzlich. Zu der einfachen Prozedur genügt irgendein Markenwurmmittel, wobei Sie der Anwendungsanweisung folgen. Eine Wurmkur bald nach der Paarung wird nicht empfohlen, denn die Hündin könnte die Föten dadurch verlieren.

Die Paarung

Nachdem Sie Ihren Rüden ausgewählt und mit dem Besitzer schriftlich einen Decktermin zum ungefähren Datum vereinbart haben, warten Sie auf die Zeit der Läufigkeit Ihrer Junghündin. Sie sollte beim ersten Mal ziemlich früh gedeckt werden, etwa zwischen dem zehnten und dreizehnten Tag. Ich empfehle, daß Sie die Hündin persönlich zum Deckrüden bringen. Die Hündin wird dann bei der Ankunft ruhig sein, und

Ihre freundliche Stimme wird ihr Mut machen, denn Junghündinnen sind vor der ersten Paarung nicht selten nervös.

Es ist bei einem seriösen Zwinger nicht nötig, die Paarung selbst mitanzusehen, denn Sie können sicher sein, daß der Rüde, den Sie auswählten, benutzt wird. Einige Züchter bitten allerdings den Besitzer, dabeizusein und sogar die Hündin zu halten. Wenn Sie eine Paarung mitansehen wollen (als Vorbereitung auf den Tag, wo Sie einen eigenen Deckrüden haben werden), bin ich sicher, daß man damit einverstanden ist. Nach der Paarung gönnen Sie Ihrer Hündin vierundzwanzig Stunden Ruhe und lassen sie dann erneut decken.

Wenn Ihre Hündin ein Haustier ist, also nicht im Zwinger gehalten wird, beobachten Sie sie ständig. Erlauben Sie ihr nie, beim Spaziergang aus Ihrem Gesichtskreis zu verschwinden. Ist sie allein, dann muß sie unter Verschluß bleiben, beispielsweise wenn Sie nicht zu Hause sind. Sonst würden Sie schnell entdecken, daß sämtliche im Ort lebenden Rüden zu Besuch kommen und bemerkenswerte Initiative zeigen. Wenn Sie Pech haben sollten und es doch zum unerwünschten Decken kommt, gehen Sie sofort mit Ihrer Hündin zum Tierarzt – je früher, desto besser.

Wenn Ihre Hündin wieder frei ist, ein normales Leben zu führen, geben Sie ihr weiter ihre übliche Mahlzeit pro Tag. Im zweiten Monat der Trächtigkeit gehen Sie auf zwei Mahlzeiten täglich über. Bei aller Sorge um die Ernährung der Hündin sollten Sie nicht zu Sonderkonzentraten greifen, denn Sie würden den Wuchs der Welpen zu sehr fördern, was Schwierigkeiten beim Werfen mit sich bringen kann.

Während dieser Zeit rate ich Ihnen, sich mit einem guten Fachtierarzt für Kleintiere in Verbindung zu setzen. Sprechen Sie ihn persönlich an, treten Sie ihm wie Ihrem Hausarzt entgegen, den Sie in Krisenzeiten um Rat und Hilfe bitten. Teilen Sie ihm den genauen Decktag der Hündin mit. Er wird den vermuteten Wurftermin in seinem Kalender für den Fall eines eventuellen Besuches eintragen.

Wenn irgend möglich, sollte die Hündin vom 57. Tag nach der Paarung bis zum Werfen unter Ihrer Obhut sein. Sie sollten sie sogar nachts mit in Ihr Schlafzimmer nehmen. Shih-Tzu verhalten sich nicht so wie viele andere, die zu dieser Zeit gerne in Ruhe gelassen werden; beim Einsetzen der Eröffnungswehen eilen sie oft zu demjenigen, den sie am besten kennen. Sie haben dann gern Gesellschaft und Hilfe. Aussteller entfernen nichts vom langen Haarkleid, sie machen nur das Gesäuge frei und binden mit zwei Gummis die Haare hinten zur Seite, damit der Anus und die Schnalle frei sind.

Anzeichen des bevorstehenden Werfens

Ein wichtiges Merkmal für ein bevorstehendes Werfen ist die Körpertemperatur, die Sie wiederholt mit dem Thermometer im Mastdarm kontrollieren. Bereits einige Tage vor dem Werfen sinkt die Temperatur von ihrer gewohnten Norm (um 38,5 °C) auf niedrigere Werte. 18 bis 24 Stunden vor dem Wurfbeginn erreicht sie den niedrigsten Wert, der noch unter 37 Grad Celsius liegen kann. Mit dem Einsetzen der Eröffnungswehen steigt die Körpertemperatur allmählich wieder an, um mit dem Austreiben des ersten oder zweiten Welpen ihre normale Höhe wieder zu erreichen.

Zu den weiteren Anzeichen der bevorstehenden Geburt gehört das Einschießen der Milch in das Gesäuge; vereinzelt setzt die Milchbildung auch erst nach dem Werfen ein. Als Zeichen der starken Durchblutung und Lockerung der Geschlechtsorgane schwillt die Schnalle an und senkt sich, die Flanken fallen ein.

Auch das Verhalten der Hündin ändert sich: Sie wird unruhig und kratzt mit den Vorderläufen, um sich ein Nest zu bauen. Ich habe stets einen großen Korb parat, in dem ich meine Hündinnen werfen lasse. Darin sind reichlich Tücher und Decken, damit die Hündinnen richtig kratzen können. In den letzten Stunden vor dem Werfen verweigert die Hündin gewöhnlich die Nahrung. Der den Muttermund der Gebärmutter verschließende Schleimpfropf beginnt sich zu lösen, der Muttermund öffnet sich, und aus der Scheide entleert sich ein zähflüssiger, glasklarer Schleim.

Die Geburt

Das Werfen läuft in zwei Phasen ab: das Eröffnungs- und das Austreibungsstadium. Natürlich ist das wichtigste in dieser Zeit Ruhe. Vor allem Sie sollten sie bewahren, denn Ihre Nervosität überträgt sich auf Ihre Hündin. Denken Sie daran, daß eine Geburt etwas Natürliches und keine Krankheit ist. Sprechen Sie ganz ruhig mit Ihrer Shih-Tzu-Hündin und machen Sie ihr Mut. Mit dem Beginn der Eröffnungswehen wird Ihre Hündin unruhig. Sie schaut sich nach ihrem Leib um und entleert mitunter kleine Mengen Harn und Kot. Die Eröffnungswehen haben den Zweck, den Gebärmutterhals zu weiten und zu dehnen, um den Durchtritt der Welpen in die Scheide zu ermöglichen. Diese erste Geburtsphase dauert bis zu acht Stunden.

Das Austreibungsstadium wird mit dem Eintritt des ersten Welpen in die Scheide eingeleitet. Die in regelmäßiger Folge wellenförmig auftretenden Wehen pressen den Welpen durch den Geburtsweg nach außen.

Mutterglück: Österr. Ch. Greenmoss Rosie Bee Mine mit ihren Welpen

Da es hierbei zur Dehnung von nervenreichem Gewebe der Scheide und der Scham kommt, ist die Geburtsphase schmerzhafter als das Eröffnungsstadium. Ihre Hündin wird beim Austritt des Welpen schreien, doch denken Sie daran: Ruhe ist wichtig; reden Sie beruhigend auf die Hündin ein. In der Schamspalte wird häufig als erstes die Fruchtblase sichtbar. Sie ist die äußere Umhüllung der Frucht. Im Fruchtwasser schwimmt das Junge, eingehüllt in ein zweites, dünnes, durchsichtiges Häutchen. Durchschnittlich ein bis drei Stunden nach Beginn der Austreibungswehen kommt es zum Blasensprung. Das austretende Fruchtwasser macht den Geburtskanal schlüpfrig und erleichtert das Herausgleiten des Welpen, der meist noch von der zweiten Fruchthülle (Amnionsack) umschlossen ist. Ich habe es aber auch schon erlebt, daß Welpen ohne Amnionsack geboren wurden, da er bereits in der Scheide aufgerissen war und mit der Nachgeburt am Nabel des Welpen hing. Meine Praxis ist es, sofort die Fruchthülle zu zerreißen und die Nabelschnur mit einer Zange abzuklemmen und mit einer sterilen Schere ungefähr zweieinhalb Zentimeter vom Körper des Welpen entfernt durchzuschneiden.

Neben dem Wurfkorb liegt stets ein Stapel frischer Frotteetücher. Nehmen Sie ein solches, und rubbeln Sie den Welpen mit festem Griff ab, bis er schreit – dadurch können Sie das Mäulchen und die Nase gut von Schleim und Fruchtwasser befreien. Die Gesamtdauer der Geburt eines ganzen Wurfes beträgt etwa sechs bis acht Stunden. Bei Hündinnen, die öfters geworfen haben, kann die Zeit erheblich kürzer sein. Ist das Werfen nach dem Ablauf von zwölf Stunden nicht beendet, sollte der Tierarzt zu Rate gezogen werden. Sicher brauche ich nicht hervorzuheben, daß äußerste Sauberkeit während dieser Zeit geboten ist.

Sobald es möglich ist und ohne die Hündin dabei aufzuregen, waschen Sie sie sanft mit einem Schwamm und warmem Wasser überall dort, wo es notwendig ist. Eine einfache Babyseife ist dem mildesten Desinfektionsmittel vorzuziehen. Jetzt sollten Sie erst recht für Ruhe sorgen und Aufregung vermeiden.

Sie werden nach der Geburt eine totale Verwandlung bei der Hündin feststellen. Die recht nervöse, kleine Hündin, die Ihre Gesellschaft und Hilfe suchte, hat – sobald ihre Welpen auf der Welt sind – Zeit für nichts und niemanden außer ihrem Nachwuchs. Sie sollte in Ruhe in einem abgedunkelten Raum gehalten werden. Damit meine ich kein trübes Zimmer, sondern eins, das Ruhe ausstrahlt. Noch ein wichtiger Punkt: Sie können der Hündin während des Werfens und auch danach etwas Wasser reichen, doch nie Milch, auch kein Milchfutter.

Für die Aufzucht der Welpen verwende ich große Kisten mit einer hohen Umrandung, um die Familienmitglieder zusammenzuhalten, sobald sie anfangen herumzukriechen. In den Kisten befindet sich eine Trennwand, auf ihr ist ein Heizkissen befestigt, das ständig auf der niedersten Heizstufe läuft. Es ist umwickelt mit sauberen Tüchern, die täglich gewechselt werden. Auf dem Boden eines Abteils liegt Zeitungspapier, auf dem Sie der Hündin Nahrung und Flüssigkeit reichen. Sie müssen nicht erwarten, daß sie ihr Futter mit einem Schlag verputzt: Sie wird ein Häppchen zu sich nehmen und dann sofort zurückkehren, um – wie man sagen könnte – ihre Welpen zu zählen.

Lassen Sie das Futter eine Stunde stehen. Dann entfernen Sie es ohne Rücksicht auf die Reaktion. Bieten Sie nie alte oder aufgewärmte Reste an; wenig, aber gut und frisch – das ist es, was die Hündin braucht. Halten sie ständig frisches Wasser in der Box parat. Ihre Hündin wird nach dem Werfen stark hecheln und benötigt deshalb mehr Flüssigkeit, auch um genügend Milch zu produzieren.

Achten Sie auf die Welpen und vor allem auf die Hündin, denn nur mit ihrer Hilfe bleiben die kleinen Shih-Tzu am Leben. Auch wenn Ihre Hündin nur ein wenig unwohl aussieht, versuchen Sie nicht, mit hausgemachten Experimenten zu helfen, sondern schalten Sie sofort den Tierarzt ein, sonst könnte es für die junge Hündin zu spät sein. Ein Ärgernis für den Tierarzt sind anfällige Tiere, die obendrein der Pflege unerfahrener Züchter solange ausgesetzt sind, bis der Augenblick der Verzweiflung kommt und dann vom Tierarzt das Wunder erwartet wird.

Wie ich schon sagte, ist die Hündin gern allein nach dem Werfen. Die einzigen Leute, die für sie sorgen sollten, sind diejenigen, die sie kennt und denen sie vertraut. Wie aber verhält sich das mit dem fremden Tierarzt, werden Sie sich fragen. Es ist eine überraschende Tatsache, daß auch die ängstliche, nervöse und mißtrauische Hündin den Tierarzt in der Notlage als Helfer akzeptiert. Ich kann nicht erklären wieso, aber es ist so.

Aufzucht der Welpen

Nach vier Wochen können Sie der Hündin dabei helfen, die Welpen zu ernähren, indem Sie mit der Zufütterung sehr kleiner Mengen beginnen. Verwenden Sie irgendeine der bekannten Marken-Welpen- oder Babynahrung. Bis die Welpen vier Monate alt sind, gilt die Devise „wenig und oft“. Bereiten Sie frisches Milchfutter sowie Fleisch oder Dosenfutter für die Welpen zu jeder Mahlzeit, und kommen Sie nicht in die Versuchung, Reste, die abgelehnt worden sind, wieder anzubieten. Halten Sie die Töpfe und Näpfe blitzsauber.

In der ganzen Zeit, in der ich Welpen aufgezogen habe, machte ich beste Erfahrung mit fertigem Welpenfutter der bekannten Hundefutterfirmen, welches für die speziellen Ansprüche der Welpen entwickelt wurde. Falls Sie aber der Meinung sind, daß Ihr Welpe rohes Fleisch haben müsse, achten Sie darauf, daß es sich nur um Fleisch vom Rind handelt (keinesfalls vom Schwein!).

Shih-Tzu-Welpen unter sechs Monaten sollten keine großen Ausflüge unternehmen. Kleine Spaziergänge genügen in diesem Alter vollauf. Ausgewachsene Shih-Tzu brauchen, um gesund zu bleiben, dagegen mehr Auslauf; sie sind eigentlich aktive Spaziergänger, und ich glaube, daß gerade diese Eigenschaft sie sehr beliebt macht. Ich kenne viele Shih-Tzu, die sogar hinter Pferden herlaufen.

Ausstellungswesen

Rassehundeausstellungen in Deutschland unterstehen dem Verband für das Deutsche Hundewesen e. V. (VDH) mit Sitz in Dortmund und damit der Fédération Cynologique Internationale (FCI) mit Sitz in Thuin (Belgien). Nur vom VDH anerkannte Ausstellungen sollten wir mit unserem Shih-Tzu besuchen. In Städten mit kynologischer Tradition werden diese regionalen Ausstellungen meist jährlich abgehalten, mindestens jedoch alle zwei Jahre. Es ist faszinierend, mit welchem Elan und Idealismus sich Menschen mit der Organisation solcher Ausstellungen befassen.

Das größte Hundefestival in jedem Jahr – Höhepunkt der Ausstellungssaison – ist im Herbst die „Bundessiegerzuchtschau“, die vom VDH selbst abgehalten wird. Diese größte Schau des Jahres mit unübertroffenen Meldezahlen findet seit 1977 meist im Ruhrgebiet, gelegentlich auch in anderen Regionen statt. Die zweitgrößte Schau des VDH ist im Frühjahr die Europasiegerschau-VDH, die Jahr für Jahr an Beliebtheit gewinnt. Das Fachorgan „Unser Rassehund“, das monatlich erscheint, vermerkt die Vorankündigungen für diese Ausstellungen, komplettiert mit den Adressen der Ausstellungsleitungen, von denen Sie Meldeformulare anfordern können. Bekannte Aussteller bekommen die Formulare sogar unaufgefordert zugesandt.

Man füllt sie sorgfältig aus, möglichst mit der Schreibmaschine, anhand der „Personalien“ seines Hundes, die man der Ahnentafel entnehmen kann; dazu gehören das Geschlecht, die Zuchtbuchnummer, das Wurfdatum, Name und Adresse des Züchters, der Name des Besitzers und eventuelle Siegertitel. Ist Ihr Shih-Tzu Champion, werden Sie ihn in der Siegerklasse melden; achten Sie aber darauf, daß Sie mit dem Meldeschein eine Kopie der Urkunde über den Championtitel einreichen. Die Ausstellungsordnungen besagen, daß der Hund erst nach Beendigung der Ausstellung aus der Box entfernt werden bzw. das Gelände verlassen darf. Das hat folgenden Grund: Rassehundeausstellungen sind öffentliche Veranstaltungen, zugänglich für jedermann, für die in Presse, Fernsehen, Rundfunk und auf Plakaten geworben wird. Es kommen also auch Besucher, die sich die ausgestellten Hunde anschauen möchten. Der Besucher zahlt Eintrittsgeld, kauft einen Katalog und wäre enttäuscht, wenn er schon am frühen Nachmittag nur noch vereinzelt Hunde und sonst leere Boxen vorfände. Der Aussteller und Züchter weiß zwar, daß die Ausstellungen für seine Rasse werben; dennoch sind viele bestrebt, nach der Bewertung schnell nach Hause zu kommen.

Auch das geduldige Beantworten von Fragen zu einer Rasse gehört zum Ausstellungsgeschehen. Oft werden die gleichen Fragen im Laufe des Tages immer wieder von Besuchern gestellt. Dann muß sich der Aussteller vor Augen halten, daß die Besucher einzeln als Laien erscheinen und eben wegen der Hunde zur Ausstellung kommen. Auch der erfahrene Züchter hat irgendwann begonnen, sich für eine Rasse zu interessieren, und auch er lernte auf jeder Rassehundeausstellung etwas dazu. Wo stünde er mit seiner Zucht, wenn der Vergleich auf den Ausstellungen fehlen würde?

In der Jüngstenklasse kann man schon nach Ablauf des sechsten Lebensmonats ausstellen. Ist ein Shih-Tzu zwischen neun und 18 Monate alt, gehört er in die Jugendklasse (abgekürzt JK). Dort gibt es nur die Konkurrenz gleichaltriger, also auch in gleichem Maße unfertiger Hunde. Ist er 15 Monate alt und schon entsprechend ausgeformt, was beim Shih-Tzu aber in der Regel erst mit zwei Jahren der Fall ist, kann er in der offenen Klasse gemeldet werden, wo er auf große Konkurrenz treffen wird. Hat Ihr Shih-Tzu schon einen Siegertitel – Deutscher Champion, Bundessieger, Europasieger-VDH, Internationaler-, so melden Sie ihn in der Siegerklasse. Auf vielen der großen internationalen Ausstellungen in Deutschland schließt der Internationale Shih-Tzu Club e. V. Sonderschauen an, auf denen das klubeigene CAC vergeben wird, das für den Titel „Deutscher Champion“ Voraussetzung ist. Spezialrichter werden für die Rasse Shih-Tzu eingeladen, die vom Club besonders ausgebildet worden sind – erfahrene Kynologen mit großem Wissen über die Rasse.

Aussuchen zum Kauf

Wie schon geschildert, habe ich in der Zeit seit Bestehen meines Zwingers die erste Entscheidung, ob ich einen Hund selbst behalten wollte, in einem Alter von zwölf Wochen, und die zweite Wahl bei sechs Monaten getroffen. Für diese Entscheidung einige Tips, mit denen ich am besten gefahren bin: Ich habe als erstes immer auf das Temperament geachtet. Haben Sie einen scheuen Welpen, der – wenn Sie mit ihm sprechen – verängstigt in seine Wurfkistenecke kriecht, oder, wenn Sie ihn anfassen wollen, anfängt zu schreien und sich sogar vollnäßt, dann ist das kein Welpe für Sie. Sie würden keine Freude an diesem Hund haben. Er würde sich auf der Ausstellung nicht zeigen, und für die Zucht wäre er auch nicht gut, denn er würde kein Temperament an seine Nachkommen weitergeben, fordert der Standard vom Shih-Tzu doch gerade Stolz und Arroganz. Das Gegenteil des Ängstlichen ist der „Spinner", der ständig in Bewegung ist, rauft und tobt.

Nehmen Sie einen ausgeglichenen Welpen, den man ruhig auf den Tisch heben kann; beginnen Sie früh mit dem Training, wenn Sie Ihren Shih-Tzu ausstellen wollen. Lassen Sie ihn ruhig von jedem Menschen anfassen und loben Sie ihn. Das macht sich später im Ausstellungsring bemerkbar. Betrachten Sie Ihren Shih-Tzu-Welpen von vorne, er soll gut breit zwischen den Vorderbeinen sein, seine Vorderläufe so gerade wie möglich, mit anliegenden, festen Ellenbogen. Sie können das prüfen, indem Sie Ihren Welpen unter das Kinn fassen, ihn hochheben und zurück auf den Tisch plumpsen lassen. Biegen sich seine Vorderbeine nach vorne, so ist dieses ein Zeichen von losen Schultern. Behalten Sie diesen Welpen nicht, lose Schultern sind vererblich und äußerst schwierig herauszuzüchten. Auch zu lange Beine im Welpenalter sind ein markanter Feh-

Int. Ch. Dt. Ch. Quantum II vom Heydpark (Z. und Bes.: C. Vorderstemann)

ler. Ein solcher Shih-Tzu wird ein guter Begleithund, aber weder ein Ausstellungshund noch ein gutes Zuchttier. Achten Sie auf den Standard, der Ihnen eigentlich alles sagt.

Mit vier Monaten wird der Welpe annähernd die Hälfte des Gewichtes eines ausgewachsenen Shih-Tzu und mit sieben Monaten etwa zwei Drittel des Gewichtes haben. Ein Welpe soll 28 Zähne haben. Die Fangzähne sind die ersten, die der Welpe vom Milchgebiß verliert. Die zweiten Zähne kommen zwischen dem vierten und sechsten Monat. Achten Sie gelegentlich auf die Zahnstellung, und bedenken Sie, daß sich die Gebißstellung bis zum zehnten Lebensmonat noch verändern kann.

Wichtig ist, daß der Welpe einen Vorbiß hat, damit er den typischen orientalischen Ausdruck im Gesicht bekommt. Achten Sie darauf, daß der Kiefer breit ist, damit die Schneidezähne Platz haben, in einer Reihe zu wachsen. Allerdings habe ich schon Shih-Tzu gesehen, die einen breiten Kiefer hatten, deren Zähne aber trotzdem unregelmäßig, kulissenartig standen. Die Zunge darf beim Shih-Tzu nicht zu sehen sein.

Es gibt keine Tricks, kleine Nasen größer zu machen oder große Nasen kleiner. Einige Nasen wachsen sogar noch nach sechs Monaten. Viele junge Shih-Tzu-Welpen haben in der Zeit des Zahnwechsels enge Nasenlöcher, was sich danach aber verbessert. Zu enge oder deformierte Nasenlöcher sind gefährlich, und man soll mit diesen Hunden nicht züchten. Das Nasenpigment soll auf jeden Fall im Welpenalter geschlossen sein, ebenso das Pigment am Fang und am Augenlid.

Bei einem gesunden Welpen soll das Haar dicht und glänzend sein, ein schlechtes dünnes Haar wird auch im Alter nicht üppiger und dichter. Schon im Welpenalter erkennen Sie, wie die Rute geformt wird, achten Sie auf jeden Fall darauf, daß sie in einem hohen Kreis getragen wird und mit dem Ende auf dem Rücken endet (Teetopf-Henkel); die Rutenlänge selbst variiert. Die Augen sollten weit auseinanderstehen, sehr dunkel sein und kein Weiß zeigen.

Achten Sie auf die Länge des Rückens, der Standard beschreibt sehr genau die Forderungen. Viele Züchter sind der Annahme, daß die Hündin einen längeren Rücken haben soll als der Rüde, damit sie besser werfen kann. Diese Meinung vertrete ich nicht, ich habe immer gezüchtet mit Hündinnen einer normalen Rückenlänge und nie Probleme beim Werfen beobachtet. Wichtig alleine ist die Beckenöffnung und natürlich, daß die Hündin aus einer guten, natürlichen Linie kommt, damit meine ich normales Sexualverhalten, normale Wehen und unproblematisches Werfen. Ansonsten kann ich Ihnen nur den Rat geben:

Lesen Sie den Standard und vergleichen Sie ihn mit dem Shih-Tzu-Welpen, und Sie werden alles verstehen.

Das Präsentieren im Ring

Jeder Aussteller wird sich natürlich bemühen, seinen Shih-Tzu in der besten Kondition und gut zurechtgemacht auf der Ausstellung im Ring dem Zuchtrichter zu präsentieren. Das Vorführen setzt aber nicht nur beste Pflege voraus, sondern auch das Wissen, wie die Vorbereitung des Shih-Tzu auf gute Leinenführigkeit, Gebißzeigen, Stehen und natürlich Unterdrückung von Rauflust anderen Hunden gegenüber aussehen muß.

In England, dem klassischen Hundeland, kann es einem Besitzer, dessen Hund sich nicht einwandfrei im Ring präsentiert, der also bockig ist, an der Leine tanzt, sich ziehen läßt und ähnliches mehr, passieren, daß er gebeten wird, den Ring zu verlassen und seinen Hund bis zur nächsten Ausstellung erst einmal „ringreif" zu machen. Es ist eine Unhöflichkeit dem Richter und den Konkurrenten gegenüber, mit einem unerzogenen Hund im Ring zu erscheinen!

Deshalb ist es angebracht, erst einmal kleinere Ausstellungen zu besuchen, um sich mit allen Gegebenheiten vertraut zu machen. Auch bieten, wie schon erwähnt, die Landesgruppen des Internationalen Shih-Tzu Clubs e. V. auf ihren monatlichen Treffen die Möglichkeit zum Ringtraining, die Sie auf jeden Fall nutzen sollten. Man füttert den Hund nie vor der Ausstellung, läßt ihn so wenig wie möglich allein und wirkt beruhigend auf ihn ein. Versuchen Sie selbst, nicht zu nervös zu sein, ihre Nervosität überträgt sich auf Ihren Hund. Bürste und Kamm sind wichtig, um dem Haar den letzten Schliff zu geben, ehe Sie in den Ring gehen.

Wenn „die Klasse", das sind alle in der gleichen Altersgruppe gemeldeten Hunde eines Geschlechtes, in der Reihenfolge der Katalognummer einige Male im Kreis im Ring marschiert sind (achten Sie darauf, daß Ihr Hund auf Ihrer linken Seite, also in der Ringinnenseite läuft), kommen die Hunde zur Einzelbeurteilung durch den Richter (und eventuell anwesenden Richteranwarter) auf den Tisch. Der Richter wird Ihren Shih-Tzu abtasten, sein Gebiß kontrollieren und seinen Bewertungsbericht dem Ringsekretär diktieren. Achten Sie darauf, was der Richter zu Ihnen sagt, meistens müssen Sie noch einmal laufen, damit der Richter speziell das Gangwerk Ihres Hundes sehen und beurteilen kann. Wenn der Richter sich an den nächsten Hund wendet, treten Sie zur Seite und schließen sich in die Reihe der schon bewerteten Hunde an. Die Bewertungskarten und Richterberichte erhält man meist nach dem Richten, sie werden vom Ringhelfer ausgeteilt. Nach dem

Gewonnen!

Richten können Sie Ihrem Hund etwas zum Fressen und zum Saufen geben, er wird dieses als Belohnung ansehen.

Folgende Formwerte werden vom Richter vergeben:

Vorzüglich darf nur einem Shih-Tzu zuerkannt werden, der dem Idealstandard der Rasse sehr nahekommt, in ausgezeichneter Verfassung vorgeführt wird, ein harmonisches ausgeglichenes Wesen ausstrahlt, „Klasse" und eine hervorragende Haltung hat.

Seine überlegenen Eigenschaften seiner Rasse gegenüber werden kleine Unvollkommenheiten vergessen machen, aber er wird die typischen Merkmale seines Geschlechtes besitzen.

Sehr gut wird nur einem Hund zuerkannt, der die typischen Merkmale seiner Rasse besitzt, von ausgeglichenen Proportionen und in guter Verfassung ist. Man wird ihm einige verzeihliche Fehler nachsehen, jedoch keine morphologischen. Dieses Prädikat kann nur einem Klassehund verliehen werden.

Gut ist einem Hund zu erteilen, der die Hauptmerkmale seiner Rasse besitzt, aber Fehler aufweist, unter der Bedingung, daß diese nicht verborgen werden.

Genügend erhält ein Hund, der seinem Rassetyp genügend entspricht, ohne dessen allgemein bekannte Eigenschaften zu besitzen bzw. dessen körperliche Verfassung zu wünschen übrig läßt.

Nicht genügend erhält ein Hund, der nicht dem durch den Standard vorgeschriebenen Typ entspricht, eindeutig nicht standardgemäßes Verhalten zeigt, mit einem Hodenfehler behaftet ist, einen erheblichen Zahnfehler oder eine Kieferanomalie aufweist, einen Farb- und/oder Haarfehler hat oder Zeichen von Albinismus erkennen läßt. – Dieser Formwert ist ferner dem Hund zuzuerkennen, der einem einzelnen Rassemerkmal so wenig entspricht, daß die Gesundheit des Hundes beeinträchtigt ist. Mit diesem Formwert wird auch ein Hund bedacht, der nach dem für ihn geltenden Standard einen schweren bzw. disqualifizierenden Fehler hat.

Ein Siegertitel setzt die Formwertnote „vorzüglich“ voraus.

Ernährung

Der Hund braucht mehr als Fleisch

Leben ist Bewegung. Leben ist Wachstum. Leben ist Stoffwechsel. Damit Lebensvorgänge ablaufen können, muß sich das Lebewesen ernähren. Der Zweck der Ernährung ist es, dem Körper Nährstoffe zuzuführen. Diese dienen der Bewegung, indem sie Energie liefern, dienen dem Wachstum, indem sie die Baustoffe darstellen, dienen dem Stoffwechsel, indem sie verbrauchte Substanzen ersetzen. Nährstoffe befinden sich in der Nahrung. Tiere sind von organischen Stoffen abhängig. Diese gehen sämtlich auf Stoffwechselprodukte der Pflanzen zurück.

Der Hund als Nachfahre des Wolfes steht am Ende der Nahrungskette. Er verwertet nicht die Pflanze selbst, sondern pflanzenfressende Tiere. Die wildlebenden Ahnen unseres Hundes verzehrten ihre Beute meist vollständig. Von daher geht der Begriff „Fleischfresser" am Kern vorbei. Denn nicht nur Muskelfleisch, sondern ebenso die Knochen, Sehnen, das Fell und natürlich die Innereien samt dem pflanzlichen Inhalt wurden verschlungen. Treffender ist also die Bezeichnung „Beutetierfresser".

- Der Hund steht am Ende der Nahrungskette.
- Der Hund benötigt neben Fleisch auch Fett, Mineralstoffe, Vitamine und pflanzliche Materialien.
- Der Hund ist ein Beutetierfresser.

Das Verdauungssystem spaltet die Nahrung auf

Dem Wolf wie auch seinem Nachfahren Hund sind eine Reihe spezialisierter Organe eigen, mit denen er seine Nahrung beschaffen, zerkleinern und verwerten kann. Die Zähne dienen dem Ergreifen und Zerteilen der Beute. Mit Hilfe des Speichels gleitfähiger gemacht, gelangt die Nahrung durch die sehr dehnbare Speiseröhre in den Magen. Hier erfolgt eine erste Aufspaltung der einzelnen Bestandteile. Dieser Vorgang wird im Dünndarm fortgesetzt. Unverzichtbare Hilfe leisten dabei Verdauungsenzyme, die in der Bauchspeicheldrüse gebildet werden. Ihre Aufgabe ist die biochemische Zerkleinerung der Nährstoffe bis auf die Grundbausteine. Nur so zerlegt ist die Nahrung letztendlich verwertbar. Die Nährstoffe werden dann von der Darmschleimhaut aufgenommen und mit

Hilfe des Blutkreislaufs in jede noch so entlegene Zelle des Körpers transportiert. Dort erst erfüllen sie ihre eigentliche Funktion. Im Muskel beispielsweise wird die biochemische Energie bestimmter Nährstoffe in Bewegungsenergie umgewandelt, im Knochen dienen andere Nährstoffe als Bausteine den Wachstumsvorgängen. Unverwertbare Bestandteile der Nahrung gelangen in den Dickdarm und werden wieder ausgeschieden.

- Die Nahrung muß aufgespalten werden, um verwertbar zu sein.
- Die Aufspaltung erfolgt hauptsächlich im Darm.
- Die Nährstoffe werden mit dem Blutkreislauf aus dem Darm in alle Körperzellen transportiert.

Hohe Energieausbeute nur bei hochverdaulicher Nahrung

Ob unser Shih-Tzu läuft, springt, mit dem Schwanz wedelt oder vielleicht nur daliegt und Herrchen oder Frauchen beim Lesen zuschaut – jeder dieser Vorgänge braucht Energie, sie ist die treibende Kraft aller Lebensvorgänge. Unser Hund bezieht sie aus seinem Futter. In biochemischer Form gespeichert, gelangt Energie in den Körper und wird dort in die unterschiedlichsten Lebensäußerungen umgewandelt. Bei diesen Umwandlungsprozessen gibt es Verluste. Über Kot und Harn werden Stoffe ausgeschieden, die noch Energie speichern. Auch Wärmeverluste schmälern die Energieausbeute für den Organismus. Dennoch hat das Energieumwandlungssystem „Hund“ einen höheren Wirkungsgrad als jedes vom Menschen ersonnene. Eines liegt jedoch auf der Hand: Je höher die Verdaulichkeit der Nahrung ist, desto geringer sind die Energieverluste für den Hund.

- Ohne Energie gibt es kein Leben.
- Die Energie ist in der Nahrung.
- Je höher die Nahrung verdaulich ist, desto besser wird sie verwertet.

Eiweiße sind Baustoff, Energieträger und Wirkstoff zugleich

Jeder Hund benötigt über fünfzig verschiedene Nährstoffe, und zwar Tag für Tag, ein Leben lang. Man kann diese der besseren Übersichtlichkeit halber in Hauptnährstoffgruppen zusammenfassen. Eine wesentliche dieser Gruppen wird von den Eiweißen oder Proteinen gebildet. Sie stellen wichtige Körperbausteine dar. Nur eine einzige Körpersubstanz überhaupt enthält keine Eiweiße als Baustein, und das ist der Zahnschmelz. Alle anderen Gewebe, ob nun Muskel, Nerven, Haut oder innere Organe, bestehen in irgendeiner Form aus Eiweißen. Sogar der Knochen enthält nicht nur Mineralstoffe, sondern eben auch Gerüstproteine. Darüber hinaus werden wichtige Wirkstoffe wie Enzyme und Hormone durch Eiweiße aufgebaut. Außerdem sind Eiweiße eine Energiequelle für Hunde. Die Energieausbeute beim Abbau der Eiweiße ist jedoch nicht besonders hoch. In dieser Hinsicht ist die Nutzung von Fetten effizienter. Fette sind die für den Hund günstigste Energiequelle. Die Ausbeute bei ihrem biochemischen Abbau ist um etwa ein Drittel höher als bei Eiweißen. Fette sind jedoch nicht nur Energielieferanten. Sie stellen auch wichtige Bausteine für Zellmembranen dar und sind unverzichtbarer Bestandteil von bestimmten Hormonen und Vitaminen. Kohlenhydrate kommen in der Natur in großen Mengen in Pflanzen vor. Das Verdauungssystem des Hundes kann diese nur in erhitzter Form spalten. Dann stellen einige Kohlenhydrate jedoch gute Energielieferanten dar. Weiterhin dienen Kohlenhydrate als Ballaststoffe. In dieser Funktion regen sie die Darmbewegung an und sind so für die Passage der Nahrung durch den

Ch. Hashanah Hot Pursuit

Darm unerläßlich. Ebenso wichtige, jedoch grundsätzlich andere Aufgaben erfüllen die Mineralstoffe. Die bekanntesten unter ihnen, Kalzium und Phosphor, bilden die Hauptbestandteile der Knochen. Sie fungieren also als Baustoff. Andere Mineralstoffe werden im Stoffwechsel von Substanzen benötigt, welche Steuer- und Regelungsmechanismen bedienen. So gibt es eine Reihe von Enzymen und Hormonen, die ohne die Anwesenheit bestimmter Mineralstoffe wirkungslos blieben. Weiterhin laufen so wichtige Vorgänge wie Blutgerinnung, Muskelkontraktionen oder die Erregungsleitung in Nerven nur ab, wenn die dazugehörigen Mineralstoffe dem Körper über die Nahrung zugeführt werden. Die Gruppe der Mineralstoffe kann man noch einmal unterteilen in Mengenelemente (von diesen wird ein bedeutendes Quantum täglich benötigt) und Spurenelemente (hiervon reichen oft schon ganz geringe Mengen im Mikrogrammbereich aus). Schließlich müssen noch die Vitamine in der Nahrung sein, von denen es fettlösliche und wasserlösliche gibt. Vitamine haben lebenswichtige Steuerfunktionen, dienen dem Sehvermögen, der Krankheitsabwehr oder dem Energiestoffwechsel.

- Eiweiße sind Baustoff, Energieträger und Wirkstoff zugleich.
- Fette sind die günstigste Energiequelle.
- Mineralstoffe bauen das Skelett auf und steuern lebenswichtige Vorgänge im Stoffwechsel
- Vitamine regeln unverzichtbare Lebensprozesse.

Wachsende Hunde benötigen spezielle Nahrung

Die moderne Tiermedizin hat die Besonderheiten des Hundestoffwechsels genau untersucht. So besteht heute die Möglichkeit, nicht allein den Energiebedarf eines heranwachsenden Hundes genau anzugeben, sondern auch seinen Bedarf an Kohlenhydraten, Eiweißen und Fetten sowie Mineralstoffen und Vitaminen. Dies ist entscheidend, wenn man das Ziel hat, durch eine artgerechte Bilanzierung von Nahrungsbestandteilen eine gesunde Hundeentwicklung zu fördern.

Ein gutes Beispiel dafür ist der Bewegungsapparat. Mit Hilfe von Messungen der Wachstumsgeschwindigkeit der Knochen, Röntgenaufnahmen des Bewegungsapparates, Bestimmungen der Knochendichte, Vergleich von vielen hundert gesund aufgewachsenen Hunden und weiteren Untersuchungsverfahren ist der Bedarf an Kalzium und Phosphor genau festgestellt worden. Aufgrund dieser Zahlen sind wissenschaftlich exakte Empfehlungen für die Versorgung mit diesen Mengenelementen möglich – und zwar jeden Monat im Leben eines

Frühlingstag im Garten – und ein Shih-Tzu ist auch dabei

wachsenden Hundes. Wegen des hohen Bedarfs der Welpen an knochenaufbauenden Mineralstoffen liegt der Kalzium- und Phosphorbedarf in den ersten beiden Lebensmonaten rund viermal höher als beim erwachsenen Hund. Mit zunehmender Mineralisierung der Knochen nimmt er im Laufe des Wachstums stetig ab.

Um ein gleichmäßiges Knochenwachstum und eine gesunde Skelettentwicklung zu erreichen, kann die Versorgung mit Kalzium und Phosphor eigentlich nur durch eine ausgewogene, altersangepaßte Vollnahrung problemlos gewährleistet werden.

Eine Selbstherstellung von Hundenahrung ist wegen der möglichen Unter- oder Überversorgung mit lebenswichtigen Nährstoffen insbesondere bei Welpen sehr kritisch. So ist in „Eigenmischungen" das Kalzium/Phosphor-Verhältnis meist nicht korrekt ausbilanziert.

Die Wachstumsrate junger Hunde und die Unterschiede zwischen einzelnen Hunden werden übrigens nicht allein durch Erbanlagen bestimmt. Auch äußere Faktoren wie Ernährung, Klima oder Krankheiten sind wichtig. Eine optimale Gestaltung der äußeren Einflußfaktoren kann das Wachstum im positiven Sinne beeinflussen – also eine artgerechte, angemessene Ernährung, gute Haltungsbedingungen und eine vernünftige Krankheitsverhütung, zum Beispiel durch Impfungen. Da es bei jedem Hund Unterschiede der äußeren Bedingungen gibt, variiert die Gewichtsentwicklung von Individuum zu Individuum ein wenig. Das bedeutet, daß es immer Abweichungen des altersentsprechenden Körpergewichtes von den wissenschaftlich ermittelten Durchschnittswerten gibt. Diese Unterschiede sind aber nicht nur von wissenschaftlichem Wert. In der Praxis ergeben sich aus den natürlichen Differenzen bei der Wachstumsgeschwindigkeit Unterschiede beim Bedarf der wachsenden Hunde an Energie, Eiweißen und insbesondere auch Mineralstoffen. Dies muß bei der Ernährung von Welpen und Junghunden bedacht und einkalkuliert werden.

Das Verdauungssystem und der Stoffwechsel von Welpen weisen eine Reihe von Besonderheiten auf. Der Magen ist noch relativ klein, so daß nur eine begrenzte Menge Nahrung aufgenommen werden kann. Diese eingeschränkte Speicherfunktion des Magens macht eine häufige Nahrungsaufnahme notwendig.

Einige Körpergewebe beziehungsweise Organsysteme sind während der ersten Lebensmonate ganz besonders auf eine richtig zusammengesetzte Nahrung angewiesen, um sich so entwickeln zu können, wie es die Natur vorgesehen hat. Hierzu gehören Bewegungsapparat, Abwehrsystem, Fortpflanzungssystem, Haut und Fell sowie Lunge und Atemwege. Anders als das Herz-Kreislauf-System des jungen Hundes, das sich schon im Mutterleib fast vollständig entwickelt hat, reift beispielsweise der Bewegungsapparat erst später aus. So sind nach der Geburt zwar sämtliche Knochen beim Welpen angelegt und vorhanden, bestehen aber überwiegend noch aus Knorpel, also einem Gewebetyp, der zwar sehr elastisch ist, jedoch nur eine geringe Festigkeit hat. Dieses bindegewebige Gerüst wandelt der Organismus nach und nach zum tragfähigen Knochen um, indem er Mineralstoffe – vor allem Kalzium und Phosphor – einlagert. So entwickelt der Junghund im Laufe vieler Monate die biologisch notwendige Festigkeit seiner Knochen. Solange bleibt den noch nicht voll mineralisierten Knochen die Möglichkeit, weiterzu wachsen. Erst gegen Ende der Wachstumsperiode des Hundes verschließen sich die Wachstumsfugen der Knochen, die bis dahin ein Längenwachstum ermöglicht haben.

Im gesamten Zeitraum der Knochenbildung muß also die Zusammensetzung der Nahrung optimal auf die Bedürfnisse des Knochenwachstums eingestellt sein. Junge Hunde haben keinen Schutzmechanismus vor überhöhter Kalziumzufuhr mit der Nahrung wie erwachsene Tiere.

Unter dem Einfluß von Hormonen wird ein eventueller Kalziumüberschuß überwiegend in den Knochen eingelagert, was im Endeffekt zu einer gesteigerten und gleichzeitig gestörten Verknöcherung führt. Die daraus resultierenden Skelettdeformierungen und Bewegungseinschränkungen sind im späteren Lebensalter nicht wiedergutzumachen. Die Empfehlung, Junghunden eine Kalziumergänzung – selbst bei Verwendung einer vollständigen und richtig bilanzierten Vollnahrung – zukommen zu lassen, ist wissenschaftlich nicht haltbar. Wegen der möglichen Gefahren ist die Gabe von kalziumreichen Nahrungsadditiven deswegen zu vermeiden.

- Wachsende Hunde haben einen höheren Energiebedarf.
- Das heranwachsende Skelett braucht mehr als doppelt so viele Mineralstoffe.
- Spezielle Welpennahrung deckt alle Bedürfnisse ab.

Fertignahrung ist hochwertig, sicher und bequem

Wie wir gesehen haben, benötigen Hunde sehr viele verschiedene Nährstoffe. Diese müssen nicht nur in der optimalen Menge, sondern auch im

ALTERNATIVE MÖGLICHKEITEN
EINER AUSGEWOGENEN ERNÄHRUNG

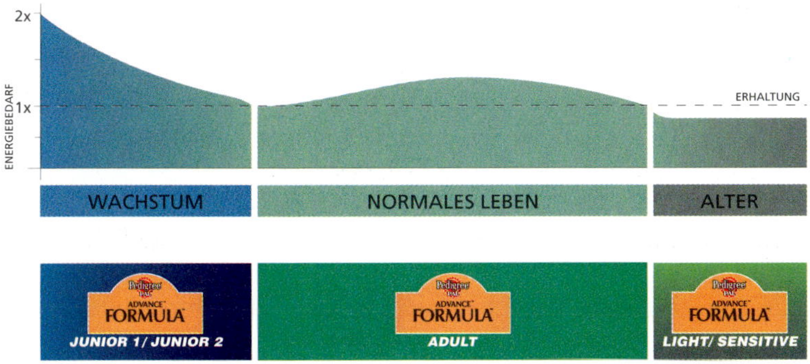

WALTHAM ERNÄHRUNGSBERATUNG

richtigen Verhältnis zueinander in der Nahrung sein. Hinzu kommen besondere Lebenssituationen wie Wachstum, Phasen hoher körperlicher Belastung, Trächtigkeit oder Alter. Jede dieser Situationen bringt veränderte Nährstoffansprüche mit sich. Verdaulichkeit und Schmackhaftigkeit des Futters sollen auch gewährleistet sein, damit der Hund den Napf leert.

Wollten wir unserem Hund selbst die tägliche Nahrung bereiten, hätten wir das alles zu beachten. Wir müßten den Gehalt der Ausgangsmaterialien an Eiweißen, Fetten, Mineralstoffen und Vitaminen genau kennen. Wer jedoch mißt die Menge essentieller Aminosäuren oder den Vitamingehalt eines Stückes Fleisch? Wieviel Kalzium ist denn nun in der Messerspitze Futterkalk enthalten? Und was ist mit der Zeit, die wir für die tägliche Futterration unseres vierbeinigen Freundes benötigen würden?

Am sichersten ist die Verwendung qualitativ hochwertiger Fertignahrung, wie sie von verantwortungsbewußten, erfolgreichen Züchtern empfohlen wird. Alle Nährstoffe sind in richtiger Menge und optimalem Verhältnis enthalten. Man kann genau portionieren, die Fütterung ist sauber, schnell und bequem.

Das deutsche Futtermittelrecht regelt die Zusammensetzung streng und genau. Es dürfen nur einwandfreie Rohmaterialien von gesunden Tieren und Pflanzen verwendet werden. Fertignahrung ist also der beste und sicherste Weg, unseren Hund richtig und gesund zu ernähren. Und schmecken wird es ihm ganz gewiß.

- Futterselbstzubereitung ist kompliziert, zeitraubend und erfordert Spezialkenntnisse.
- Fertignahrung ist sicher, hat hohe Qualität und erfüllt alle Nährstoffansprüche des Hundes.

Wichtige Tips zur Fütterung Ihres Hundes

1. Bei der Verwendung von Fertignahrungsmitteln, die als „Alleinfutter“ deklariert sind, erhält Ihr Hund alle lebensnotwendigen Nährstoffe in ausgewogener Zusammensetzung für ein langes, gesundes Hundeleben.
2. Ein Welpe braucht zu Beginn seines Lebens etwa doppelt so viele Nährstoffe und Energie wie ein ausgewachsener Hund, deshalb füttern Sie in der Wachstumsphase ein Fertigfutter, welches für wachsende Hunde bestimmt ist.
3. Verwenden Sie als Milchersatz für Saugwelpen nur spezielle Welpenmilchprodukte, Kuhmilch ist auf keinen Fall zu empfehlen, da sie nicht eiweiß- und fettreich genug ist und zu Durchfällen führen kann.
4. Achten Sie darauf, Futterumstellungen langsam und schrittweise über fünf Tage durchzuführen, so

Zwei aus dem Zwinger „Aylas“

daß sich der Verdauungstrakt des Hundes an die neue Nahrung gewöhnen kann.

5. Füttern Sie stets zur gleichen Zeit und möglichst am gleichen Ort weder zu heiß noch zu kalt (nicht direkt aus dem Kühlschrank).
6. Bieten Sie ihrem Hund nur die Futtermenge an, die er auch auffrißt, keine Futterreste stehenlassen.
7. Frisches Wasser zum Trinken sollte Ihr Hund stets zur Verfügung haben.
8. Füttern Sie Fleisch bitte nur im abgekochten Zustand, bei der Fütterung von rohem Fleisch besteht Infektionsgefahr.
9. Bei der Verwendung eines hochwertigen Fertigfutters brauchen Sie keinerlei Zusatzstoffe oder Ergänzungsfuttermittel zusätzlich zu füttern.
10. Bei älteren Hunden ist die Futtermenge in 2–3 Mahlzeiten aufzuteilen. Die verwendeten Eiweiße müssen hochwertig und hochverdaulich sein.

Gesundheit

Vorbeugen ist besser als Heilen

Artgerechte Haltung, Pflege und Ernährung sind Voraussetzungen für die Gesundheit. Das seelische Wohlbefinden des Hundes ist so wichtig wie das körperliche. Der gesunde Hund nimmt aufmerksam und lebhaft Anteil an seiner Umgebung. Er ist kräftig und ausdauernd. In der Ruhe atmet er 10- bis 20mal, das Herz schlägt 70- bis 100mal in der Minute. Die Körpertemperatur liegt um 38,5 °C. Gesundheit ist nicht nur „Freisein von Krankheiten", sie schließt auch Widerstandskraft gegen Infektionen ein.

Das Haarkleid schützt nicht nur gegen Wind und Wetter, es ist auch Zeichen von Gesundheit. Stumpfes Haar, ständiger Haarausfall und starker Geruch deuten auf innere Erkrankungen hin. Die Haut soll frei von Schuppen und Rötungen sein, kein Juckreiz soll den Hund plagen.

Flöhe, Läuse und Haarlinge kann auch der gepflegteste Hund von einer Hundebegegnung mitbringen. Bei Juckreiz wird als erstes die Haut auf Flohstiche – bis zu linsengroße, geschwollene Rötungen – und das Fell auf Parasitenkot – kleine schwarze Pünktchen – abgesucht. Lieblingssitze der ungebetenen Gäste sind die Innenflächen der Hinterbeine, die „Achselhöhlen" und die Ohrmuscheln. Bei leichtem Befall genügt ein Flohpuder oder -spray. Wirksamer sind Waschlösungen, die das Fell bis auf die Haut benetzen, oder verschreibungspflichtige Mittel, die auf die Haut getropft werden und bis zu vier Wochen wirken. Das Ablecken solcher Mittel muß aber unbedingt verhindert werden. „Anti-Floh-Halsbänder" geben bis zu vier Monaten gas- oder puderförmige Wirkstoffe ab. In Hundehütten können bei einigen Halsbändern Giftgaskonzentrationen auftreten, die auch für den Hund bedenklich sind. Manche Halsbänder verlieren zudem durch Nässe an Wirksamkeit. Bei Flohbefall muß immer das Lager des Hundes mitbehandelt werden. Moderne Spezialmittel töten dabei nicht nur „erwachsene" Flöhe, sondern stoppen auch die weitere Entwicklung der Flohlarven. Hundedecken werden am besten ausgekocht, Teppiche regelmäßig gesaugt und Stroh in der Hütte gewechselt.

Zecken lassen sich aus dem Gebüsch auf den Hund fallen, beißen sich in der Haut fest und saugen sich mit Blut voll. Je länger sie saugen, desto größer ist in bestimmten verseuchten Gegenden die Gefahr, daß eine für Hunde gefährliche Infektionskrankheit, die Borreliose, übertragen wird. Deshalb sollten Zecken so rasch wie möglich entfernt werden. Sie dürfen aber nicht einfach ausgerissen werden, weil dabei die Beißwerkzeuge in der Haut steckenbleiben und Entzündungen verursachen können. Am besten erfaßt man die Zecke mit einer Spezialpinzette und hebelt sie drehend aus der Haut heraus. Auf keinen Fall darf eine Zecke mit Alkohol betäubt oder mit Öl erstickt werden. Im Todeskampf gibt sie ihren Speichel in die Blutbahn des Hundes ab und damit eventuell Erreger einer Infektion. Inzwischen gibt es, allerdings nur beim Tierarzt, ein Anti-Zecken- und -Flohhalsband, das den Befall mit Zecken weitgehend und das Blutsaugen sicher verhindert.

Die Ohren sollten alle vier Wochen gereinigt werden. Mit Wattestäbchen kann man das Trommelfell zwar kaum verletzen, das Ohrenschmalz aber in der Tiefe zusammenstopfen. Besser ist ein alkoholischer Ohrreiniger, der randvoll ins Ohr eingegossen und bei zugedrückter Ohrmuschel durchmassiert wird. Das gelöste Ohrenschmalz kann der Hund dann selbst ausschütteln, vorzugsweise im Freien.

Dunkle, übelriechende Beläge im Ohr zeigen eine Entzündung an. Meist wird sich der Hund dann auch am Ohr oder – scheinbar – am Halsband kratzen und den Kopf schütteln. Ursache des „Ohrenzwanges“ können Ohrenmilben, Grasgrannen oder andere Fremdkörper sowie Bakterien und Pilze sein. Wenn zwei- bis dreimalige gründliche Reinigung mit dem Ohrreiniger keine Besserung bringt, ist eine gezielte Behandlung erforderlich.

Die Augen werden mit einem Stückchen Mullbinde oder einem Taschentuch vom „Schlaf“ gereinigt. Fusseln von Watte oder Papiertaschentüchern reizen die Schleimhäute. Bindehautentzündungen können auch durch Zugluft, Staub oder starke Sonne verursacht werden. Zur Linderung werden Augentropfen in den heruntergezogenen Bindehautsack geträufelt. Borwasser wird heute nicht mehr verwendet, weil feine Kristalle als Fremdkörper wirken können. Länger andauernder wäßriger, schleimiger oder eitriger Augenausfluß sollte nicht mit Hausmitteln kuriert werden. Es könnte eine Infektion vorliegen. Wucherungen auf der Rückseite der Nickhaut müssen meist operativ behandelt werden.

Die Zähne werden durch Hundekuchen oder Knochen ausreichend gereinigt. Auch die Tortur des Zähneputzens kann Zahnstein kaum verhindern. Zur Entfernung weicher Beläge eignet sich am ehesten ein Wattebausch, getränkt mit dreiprozentiger Wasserstoffsuperoxydlösung.

Zahnstein ist ein fest anhaftender brauner Belag aus verhärteten Salzen. Fauliger Mundgeruch durch Zahnfleischentzündungen und -vereiterungen sowie Zahnausfall sind die Folgen. Zahnstein sollte frühzeitig fachkundig entfernt werden.

Lose Zähne müssen gezogen werden. Da der Hund keine Beute jagen, festhalten oder zerreißen muß, kann er auf schmerzende Zähne gut verzichten. Nach Entfernung der Eiterherde wird er sich auch allgemein wohler fühlen, denn sie können den Körper vergiften und zum Beispiel chronische Herzklappenentzündungen auslösen.

Die Analbeutel sollen eigentlich bei jedem Kotabsatz eine individuelle Duftmarke zur Revierkennzeichnung hinterlassen. Infolge der Domestikation funktioniert die Entleerung häufig nicht richtig. Sekretstauungen sind die Folge; den Juckreiz versucht der Hund vergeblich durch Rutschen auf dem After zu beseitigen. Dieses „Schlittenfahren“ ist entgegen landläufiger Vermutung fast nie auf Wurmbefall zurückzuführen. Stark gefüllte Analbeutel müssen fachkundig ausgedrückt, vereiterte müssen tierärztlich behandelt werden.

Die Krallen werden nur bei regelmäßigem Auslauf auf hartem Untergrund ausreichend abgelaufen. Nur bei krankhaftem Hornwachstum oder Stellungsfehlern müssen sie geschnitten werden. Dabei soll die in der Kralle verlaufende Ader nicht verletzt werden. „Wolfskrallen“, Überbleibsel der an sich verkümmerten fünften Zehe an Vorder- und Hinterläufen, können bei Verletzungen stark bluten. Sie sollten vorsorglich amputiert werden. Das geschieht üblicherweise schon bei neugeborenen Welpen.

Erste Hilfe tut not

Hautverletzungen müssen genau inspiziert werden. Oberflächliche Abschürfungen und Schrunden können mit Hausmitteln behandelt werden. Auf jeden Fall werden im Bereich der Verletzungen die Haare mit einer gebogenen Schere kurz abgeschnitten. Sie verkleben sonst mit dem Wundsekret; Vereiterung ist die Folge. Die Wunde wird mit Wundgel, -spray oder -tinktur behandelt. Fetthaltige Salben behindern den heilungsfördernden Luftzutritt, Puder verkrustet.

Bei tieferen Wunden mit Durchtrennung der Haut sollte umgehend ein Tierarzt hinzugezogen werden. Bei Beißereien und Stacheldrahtverletzungen wird die Haut oft vom Körper losgerissen, so daß tiefe Taschen zu versorgen sind. Von Fall zu Fall ist zu prüfen, ob eine „offene Wundbehandlung“ oder eine Naht besser ist. Nur frische Wunden können mit Aussicht auf komplikationslose Heilung genäht werden.

Ch. Hashanah Relentless Pursuit im Alter von 16 Monaten

Eine offene, aus der Tiefe nässende oder eiternde Wunde darf der Hund belecken. In allen anderen Fällen wird die Wundheilung behindert, weil die zarten Heilungszellen am Wundrand gestört werden. Das Belecken von Wunden und das Abreißen von Verbänden können durch einen Halskragen verhindert werden, den es fix und fertig vom Tierarzt gibt.

Wundstarrkrampf ist beim Hund selten. Impfungen sind daher nicht üblich. Zur Vorbeugung sollen Wunden ausbluten und nicht luftdicht abgedeckt werden. Wenn größere Adern verletzt sind, kommt es zu andauernden, starken Blutungen. Häufig tritt Blut im Strahl aus. Dann muß zur Ersten Hilfe ein Druckverband angelegt werden. An ungünstigen Körperstellen wie am Kopf kann auch von Hand eine Kompresse aufgedrückt werden. Gliedmaßen können abgebunden werden, die Abbindung muß aber viertelstündlich kurz gelöst werden. In solchen Fällen ist stets umgehend tierärztliche Hilfe erforderlich.

Unfälle können auch zu inneren Verletzungen und Gehirnerschütterungen führen. Bei Bewußtseinstrübungen soll nie Flüssigkeit eingeflößt werden. Die Maulschleimhaut kann aber mit Kaffee, Tee oder auch einfach mit Wasser befeuchtet werden. Der Hund wird vorsichtig getragen oder seitlich mit tiefliegendem Kopf und herausgezogener Zunge auf einer Decke gelagert, die, von zwei Personen an den Ecken strammgezogen, auch als „Tragbahre" dient. Am Unfallort sind meistens die Diagnose und vor allem eine wirksame Schockbehandlung erschwert. Telefonisch sollte zur Vermeidung unnötiger Wege und Zeiten ein dienstbereiter Tierarzt verständigt und umgehend aufgesucht werden.

Lahmheiten können viele Ursachen haben. Als erstes wird die Pfote untersucht. Dornen oder Splitter werden ausgezogen. Verfilzte Haare drücken zwischen den Ballen wie ein Stein im Schuh; sie werden daher vorsichtig ausgeschnitten. Wunde Stellen werden wie Hautverletzungen behandelt. Im Winter müssen Streusalzreste von den Pfoten abgewaschen werden. Bei Krallenbettentzündungen können warme Kamillen- oder Seifenbäder Linderung bringen. Lose Krallenteile werden an der Bruchstelle beherzt abgeschnitten. In vielen Fällen ist ein Verband erforderlich. Er muß fachkundig angelegt werden, um Druckstellen zu vermeiden. Bei Schwellungen, Prellungen und Verstauchungen kann das Fell des betroffenen Körperteils mehrmals täglich mit kaltem Wasser durchnäßt werden. Das wirkt wie ein Kühlverband, lindert den Schmerz und hemmt – frühzeitig angewendet – weitere Schwellungen. Wenn ein Bein überhaupt nicht belastet wird, besteht Verdacht auf Knochenbruch. Bei stark abnormer Beweglichkeit können die Gliedmaße durch eine Notschiene ruhiggestellt werden. Andauernde, wiederkehrende oder sich verschlimmernde Bewegungsstörungen sind stets ein Fall für den Tierarzt. Das Humpeln auf einem Hinterbein wird nicht selten durch eine Ausrenkung der Kniescheibe oder durch Riß von Bändern bedingt, die operativ fixiert werden müssen.

Vergiftungen sind meist „Unglücksfälle" und nur selten böse Absicht. Rattengift kann bei unsachgemäßem Auslegen direkt, aber auch mit vergifteten Nagetieren aufgenommen werden. Meist handelt es sich um Cumarinpräparate, die zu inneren Blutungen führen. Vorsicht ist auch bei Schädlings- und Unkrautbekämpfungs- sowie bei Frostschutzmitteln geboten. Hochgiftige Thallium-, Zinkphosphid- und Arsenzubereitungen, Blausäure und Strychnin sind heute gottlob kaum noch erhältlich. Die besten Überlebenschancen bestehen, wenn man „nach frischer Tat" das Gift wieder aus dem Magen herausbefördern kann. Der Tierarzt kann Erbrechen durch eine Spritze auslösen, der Laie durch Eingeben von zwei bis drei Teelöffeln Salz. Nach dem Erbrechen kann eine Aufschwemmung von etwa zehn Kohlekompretten eingeflößt werden. Milch wird nicht gegeben, weil verschiedene Gifte fettlöslich sind. Etwa vorhandene Hinweise auf die Art des Giftes ermöglichen eine rechtzeitige, gezielte tierärztliche Behandlung. Ungewisser sind die Aussichten, wenn Vergiftungsfolgen wie Krämpfe, Mattigkeit oder Brechdurchfall schon eingetreten sind, die Ursache aber nur vermutet werden kann. Eine genaue Diagnose ist oft erst durch Spätschäden wie Blutungen oder Haarausfall möglich. Dann kann es für eine Rettung bereits zu spät sein.

Durchfall ohne Fieber bessert sich häufig nach einem Fastentag: Der Hund erhält ausschließlich stark verdünnten Tee mit einer Prise Salz, aber ohne Zucker. Zur Geschmacksverbesserung ist Süßstoff erlaubt. Zusätzlich ist es nie verkehrt, eine Aufschwemmung von Kohlekompretten einzugeben. Keinesfalls darf Durchfall mit Wasserentzug „behandelt" werden; der Körper würde zu stark austrocknen. Am zweiten Tag erhält der Hund in kleinen Portionen ein Diätfutter, zum Beispiel Beefsteakhack, Schmelzflocken und rohen geriebenen Apfel. Am dritten Tag muß der Kot zumindest wieder dickbreiig sein.

Verstopfungen lassen sich oft durch rohe Leber oder Milz oder einige Teelöffel süßer Dosenmilch beheben. Bei krampfhaft vergeblichem Drängen kann ein Mikroklistier Erfolg bringen. Bei einer Verhärtung von Knochenteilen im Enddarm hilft allerdings meist nur ein fachgerechter Einlauf.

Erbrechen ist keine selbständige Krankheit. Einmaliges Erbrechen kann durch zu hastiges Fressen, zu kaltes Futter oder Aufnahme von Fremdkörpern ausgelöst werden. Gelegentliches Erbrechen ist beim Hund ohne große Bedeutung. Um zu erbrechen frißt der Hund häufig Gras. Geschieht das regelmäßig oder wird ständig das Futter erbrochen, muß ein Tierarzt hinzugezogen werden. Auch Durchfall und Erbrechen mit Fieber sind kein Fall für Hausmittel.

Scheinschwangerschaft tritt bei manchen Hündinnen etwa acht Wochen nach der Läufigkeit auf. Sie sind unruhig, „bemuttern" irgendwelche Gegenstände, fressen schlecht und erbrechen gelegentlich. Das Gesäuge schwillt, Milch bildet sich. Abhilfe schafft häufig wenig Fressen und Trinken bei viel Bewegung und Beschäftigung. Das Gesäuge kann mehrmals täglich mit kaltem Wasser befeuchtet werden, um Schwellung und Milchproduktion zu hemmen. Keineswegs soll die Milch ausgedrückt werden. Damit würde nur die

In würdevoller Haltung: Par Te-Shi von Nanacara

weitere Milchbildung angeregt. Bei sehr starker Gesäugeschwellung und trotz Hausmitteln nicht nachlassenden Erscheinungen muß der Tierarzt verständigt werden.

Insektenstiche, vor allem durch das Schnappen nach Wespen und Bienen verursacht, können schnell zu erheblichen Schwellungen am Kopf oder, noch schlimmer, im Rachen führen. Äußerliche Kühlung mit Eiswürfeln und eine Tablette gegen Allergie ersparen oft nicht die möglichst rasche tierärztliche Behandlung.

Alarmzeichen

Fieber ist eine Abwehrreaktion des Körpers, meist auf Infektionen. Die Hundenase kann auch beim kranken Hund feucht und kühl sein. Die Temperatur muß mit einem Fieberthermometer (je nach Modell bis zu fünf Minuten) im Mastdarm gemessen werden. Sie darf nicht über 39 °C liegen. Untertemperaturen unter 37,5 °C entstehen infolge einer Reduzierung der Stoffwechselvorgänge häufig vor dem Tod.

Husten, als ob ein Knochen im Hals säße, tritt bei Mandelentzündungen auf. Ernstere Infektionen wie Zwingerhusten oder gar Staupe könnten auch vorliegen. Pumpende Atmung entsteht durch eine Lungenentzündung, aber auch durch Wasseransammlung in der Lunge, zum Beispiel infolge von Vergiftungen. Bei alten Hunden kann der damit verbundene Husten auch auf eine Herzschwäche zurückzuführen sein. Bauchpressen und Aufblasen der Backen sind Zeichen höchster Atemnot.

Schleimhäute im Auge und im Fang geben Hinweis auf innere Erkrankungen: Blässe deutet auf Blutarmut hin, Gelbfärbung auf Leberschäden mit Gelbsucht, Blutungen auf schwere Infektionen oder Vergiftungen, eine bläuliche Färbung tritt bei Herz- und Kreislaufschwäche auf.

Kot und Urin mit Blutbeimengungen lassen krankhafte Veränderungen erkennen. Bei Blutungen im Magen und in den vorderen Darmabschnitten kann der Stuhl durch das verdaute Blut pechschwarz aussehen. Nierenerkrankungen können auch mit erhöhtem Durst verbunden sein. Wenn Mattigkeit und Mundgeruch hinzukommen, ist meist bereits eine Harnvergiftung eingetreten.

Harnsteine, Blasenriß oder Vergiftungen können dazu führen, daß überhaupt kein Urin mehr abgesetzt wird; dann besteht höchste Gefahr. Geschwülste, Prostatavergrößerungen und Mastdarmveränderungen erschweren den Kotabsatz. Verhärtete Knochenteile können den Enddarm völlig verstopfen. Erbrechen und zunehmende Mattigkeit bei fehlendem Kotabsatz sprechen für Darmverschluß oder einen Fremdkörper im Darm.

Speicheln wird im harmlosesten Fall durch Fremdkörper in der Maulhöhle oder durch lose Zähne verursacht, bedenklicher wäre eine E 605-Vergiftung oder Pseudowut, schlimmstenfalls ist an Tollwut zu denken.

Umfangsvermehrungen des Bauches bei sonst normalem Ernährungszustand oder zunehmender Abmagerung können durch Tumore oder Bauchhöhlenwasser hervorgerufen werden. Bei einer Gebärmuttervereiterung besteht gleichzeitig fast immer starker Durst, gelegentlich auch Scheidenausfluß. Eine plötzliche Aufblähung des Bauches mit Kolik und Kreislaufschwäche, bedingt durch eine Magendrehung, erfordert unverzügliche Operation. Eine Entzündung der Kaumuskeln mit Schwellung und Verhärtung sowie hervortretenden Augäpfeln muß sofort tierärztlich behandelt werden.

Infektionen bedrohen die Gesundheit

Staupe und ansteckende Leberentzündung (Hepatitis) sind Viruskrankheiten, die für Junghunde besonders gefährlich sind, aber auch ältere Hunde befallen. Staupe beginnt mit einem häufig kaum merkbaren, kurzen Fieber, dem nach etwa acht Tagen eine schwere Lungenentzündung mit eitrigem Augen- und Nasenausfluß oder ein Durchfall folgt. Eine besondere Verlaufsform ist mit einer Verhärtung der Ballen verbunden. Nach scheinbarer Besserung treten nervöse Erscheinungen bis hin zu Krämpfen auf, die meistens zum Tod führen. Nach überstandener Staupe bleibt häufig ein nervöses Zucken der Kopfmuskeln, der „Staupetick", nach Erkrankungen im Junghundealter das „Staupegebiß" mit erheblichen Zahnschmelzdefekten zurück. Die ansteckende Leberentzündung verläuft ähnlich, mit hohem Fieber, Apathie und Appetitlosigkeit. Hornhauttrübungen können bleibende Folgeschäden sein.

Stuttgarter Hundeseuche (Leptospirose) wird durch Bakterien verursacht und von Hund zu Hund übertragen. Sie beginnt häufig mit einer Schwäche in den Hinterbeinen. Geschwüre im Maul, Magen und Darm sind mit aasartig-faulem Maulgeruch und blutigem Durchfall verbunden.

Tollwut tritt bei Hunden nur noch selten auf. Die Seuche wird vor allem durch Füchse übertragen. Hinweisschilder warnen in gefährdeten Gebieten vor Tollwut. Die Krankheit ist besonders tückisch: Die typischen Wuterscheinungen mit heiserem Gebell, Wasserscheue, Unruhe und unmotivierter Beißwut fehlen häufig. Die „stille Wut" ist im Anfangsstadium schwer zu erkennen. Ein erkranktes Tier stirbt immer.

Parvovirose ist eine Viruskrankheit, die sich bei Hunden aller Altersgruppen in schweren, durch Erbrechen und Durchfall gekennzeichneten Erkrankungen äußert. Bei Welpen kann plötzlicher Herztod auftreten. Der Erreger ähnelt dem Katzenseuchevirus; eine wechselseitige Ansteckung zwischen Hund und Katze ist jedoch nicht möglich. Die Ansteckung erfolgt über Ausscheidungen von Hund zu Hund, aber auch durch Verschleppung angetrockneter Ausscheidungen, zum Beispiel an Kleidungsstücken.

Impfungen schützen vor diesen Infektionskrankheiten

Welpen in gefährdeten Zuchten oder ungeimpfte Hunde mit verdächtigen Krankheitserscheinungen können mit einem Serum behandelt werden, das fertige spezifische Abwehrstoffe enthält. Diese „passive Immunisierung" schützt aber nur für zwei bis drei Wochen. Der Käufer eines Hundes sollte den Impfpaß daraufhin genau prüfen.

Länger dauernden Schutz vermittelt nur die „aktive" Schutzimpfung.

Ch. Hashanah No Jacket Required im Alter von dreieinhalb Jahren (vgl. Bild S. 56)

Dabei werden abgeschwächte oder abgetötete Infektionserreger eingeimpft. Der Körper reagiert darauf mit der Bildung eigener Abwehrstoffe. Bei den heute üblichen Kombinationsimpfstoffen kennzeichnen die Buchstaben S, H, L, T und P die Wirksamkeit gegen die in Frage kommenden Seuchen.

Welpen werden mit sechs bis acht Wochen das erste Mal geimpft und müssen dann mit etwa zwölf Wochen nach Impfplan nachgeimpft werden. Auch bei älteren, noch nicht geimpften Hunden empfiehlt sich eine zweimalige Grundimmunisierung, um einen umfassenden Impfschutz gegen alle Infektionskrankheiten aufzubauen.

Der einmal gebildete Impfschutz baut sich im Laufe der Zeit ab. Kommt der Hund mit betreffenden Seuchenerregern in Berührung, so wird die Antikörperbildung aufgefrischt. Ist der Impfschutz aber bereits zu stark abgesunken, kann der Hund erkranken. Deshalb sind regelmäßige Auffrischungsimpfungen erforderlich, am besten jährlich mit einem Kombinationsimpfstoff. Denn die Tollwutimpfung wird ohnehin nur für ein Jahr anerkannt, die Leptospiroseimpfung wirkt nicht länger, und gegen die seit einiger Zeit wieder bedrohlich zunehmende Staupe gilt es, auf Nummer Sicher zu gehen.

Ein sicherer Impfschutz des Hundes ist auch für den Menschen wichtig. Erkrankte Hunde können Leptospiren übertragen, die beim Menschen das „Canicola-Fieber" oder die „Weilsche Krankheit" hervorrufen. Hundetollwut ist wegen des engen Kontaktes für Menschen viel gefährlicher als Wildtollwut. Geimpfte Hunde übertragen keine Tollwut. Nach einem Kontakt mit verdächtigem Wild brauchen sie deshalb auch nicht getötet zu werden, wie dies für ungeimpfte Hunde gesetzlich vorgeschrieben ist.

Gegen andere Infektionen schützt Vorsicht

Toxoplasmose wird durch einzellige Schmarotzer hervorgerufen. Ihr Stammwirt ist die Katze. Bei anderen Tieren werden ansteckungsfähige Dauerformen gebildet. Hunde erkranken überwiegend durch infiziertes Schweinefleisch. Für die Ansteckung des Menschen wurden sie früher zu Unrecht verantwortlich gemacht.

Aujeszkysche Krankheit wird ebenfalls durch Schweinefleisch übertragen. Unstillbarer Juckreiz, Unruhe, Ängstlichkeit und Speichelfluß haben gewisse Ähnlichkeit mit Tollwut. Die Krankheit wird daher auch „Pseudowut" genannt. Schweinefleisch und in der Zusammensetzung unbekannte Fleischmischungen, zum Beispiel aus Supermärkten, müssen deshalb gut durchgekocht werden. Fertigfutter und Rindfleisch sind dagegen unbedenklich.

Zwingerhusten tritt vor allem in Tierheimen und Hundehandlungen auf. Unter begünstigenden Umständen lösen Viren und Bakterien gemeinsam Entzündungen von Luftröhre und Bronchien aus. Kennzeichnend ist ein kurzer, trockener Husten. Sekundärinfektionen können den Krankheitsverlauf verschlimmern. Während des Urlaubs sollte man seinen Hund nicht in unbekannte Heime oder Pensionen geben oder ihn vorsorglich auch gegen Zwingerhusten impfen lassen.

Wurmkuren gegen unerwünschte Kostgänger

Spulwürmer können bei Junghunden zu Verdauungs- und Entwicklungsstörungen, zu Vergiftungserscheinungen und sogar zum Tod führen. Fast alle Welpen werden im Mutterleib mit Spulwürmern infiziert. Die ersten Wurmkuren soll schon der Züchter durchführen. Junghunde werden vierteljährlich entwurmt. Ältere Hunde beherbergen nur noch einzelne Würmer. Sie richten zwar keinen großen Schaden an, sind aber eine ständige Infektionsquelle. Hündinnen sollten zumindest sechs Wochen nach jeder Läufigkeit, Rüden mindestens einmal jährlich entwurmt werden. Bei festgestelltem Wurmbefall ist eine sofortige Entwurmung mit einer Wiederholungsbehandlung nach zwei bis drei Wochen erforderlich. Rohe Möhren garantieren keine Wurmfreiheit. Wirksame und verträgliche Mittel sind verschreibungspflichtig. Sie wirken auch gegen andere Rundwurmarten, zum Beispiel gegen Hakenwürmer.

Spulwürmer sind auf ihre Wirtstierarten spezialisiert; wenn der Mensch Hundespulwurmeier aufnimmt, schlüpfen zwar Larven und beginnen ihre Wanderung im Körper, sie bleiben jedoch in Organen oder Muskeln stecken und können dort schmerzhafte Entzündungen verursachen. Besonders gefährdet sind „Krabbelkinder“. Wurmkuren dienen daher auch dem Gesundheitsschutz der Familie.

Bandwürmer brauchen für ihre Entwicklung stets einen Zwischenwirt. Für den Hundebandwurm ist dies der Floh. Er nimmt die Wurmeier auf, aus denen sich eine Finne entwickelt. Der Hund „knackt“ den Floh, die Finne wächst im Hundedarm zum fertigen Bandwurm aus. Mit dem Kot erscheinen nach geraumer Zeit einzelne kürbiskernförmige, anfangs noch bewegliche Bandwurmglieder oder ein längeres, deutlich gegliedertes Wurmende. Es gibt heute neben speziellen Spulwurm- und Bandwurmmitteln auch Präparate, die gegen beide Parasitenformen wirksam und dabei gut verträglich sind. Empfehlenswert ist eine systematische vierteljährliche Bandwurmbehandlung des Hundes. Zur Bandwurmkur gehört stets eine Flohbehandlung von Hund und Lager.

Besonders bei Jagdhunden kann auch der „gesägte Bandwurm“ auftreten, dessen Zwischenwirte Hasen und Kaninchen sind. Andere Bandwurmarten, die durch Fisch oder Wild, Rinder- oder Schafeingeweide übertragen werden, kommen seltener vor. Dazu zählt der „dreigliedrige Bandwurm“, der auch dem Menschen gefährlich werden kann. Der Hund sollte zur Vorbeuge keine rohen „Konfiskat“-Innereien erhalten und daran gehindert werden, Kadaver von Wildtieren anzufressen. Für Menschen besonders gefährlich ist der vor allem in einigen Gegenden Mittel- und Süddeutschlands verbreitete „Fuchsbandwurm“, der auch durch Hunde übertragen werden kann. Neben regelmäßigen Bandwurmkuren ist es die beste Vorbeuge, den Hund in Wald und Flur anzuleinen.

Ch. Hashanah the Immaculats, sieben Monate alt

Gefahren für die menschliche Gesundheit?

Impfungen und Wurmkuren schränken Ansteckungsgefahren ein. Hygiene tut ein übriges: Selbstverständlich hat der Hund sein eigenes Lager und Futtergeschirr; beides ist peinlich sauber. Rasen und Wege werden von Hundekot freigehalten. Der Hund wird so erzogen, daß er das Gesicht nicht ableckt. Das Belecken der Hände ist Ausdruck seiner Zuneigung. Man darf sie dulden, denn man kann sich die Hände anschließend waschen. Vorsichtige können Lager, Hütte und andere hygienegefährdete Stellen und Gegenstände regelmäßig desinfizieren. Die Mittel sollen gegen Viren, Bakterien und Pilze wirken. Zur Schnelldesinfektion eignet sich besonders ein Spray, der auch Ektoparasiten abtötet.

Besonders angezeigt sind solche Maßnahmen, wenn der Hund eiternde Wunden, Ekzeme, Furunkel oder eine Vorhaut-, Zahnfleisch- oder Mandelentzündung hat. Diese Infektionen sind konsequent zu behandeln. Eitererreger können auch beim Menschen Komplikationen verursachen. Vorsicht ist stets bei schlecht heilenden oder sich ausbreitenden Ekzemen geboten: Räudemilben sind zwar auf Tierarten „spezialisiert", können jedoch auch beim Menschen juckende Hautrötungen verursachen. Hautpilzinfektionen sind auf Menschen übertragbar.

Daher sollte man umgehend eine Spezialuntersuchung und Behandlung veranlassen. Pilzinfektionen entstehen nur, wenn sich die Erreger länger als 12 bis 24 Stunden auf der menschlichen Haut einnisten können. Gründliches Waschen bannt die Gefahr. Zusätzliche Sicherheit bietet ein Handdesinfektionsmittel, das nach Berührung verdächtiger Stellen oder Ausscheidungen in die Hände eingerieben wird.

Allergien sind auch durch größte Sauberkeit nicht immer zu vermeiden. Einige Menschen reagieren bei Kontakt mit Tierhaaren und -hautteilen mit Ausschlägen oder Atembeschwerden. Katzen, Meerschweinchen und Vögel sind viel öfter als Hunde die Auslöser; viele andere pflanzliche und tierische Stoffe kommen hinzu. Die Allergieursache kann von einem Hautarzt durch Spezialtests auf der Haut ermittelt werden. Auf Verdacht braucht also kein Hund abgeschafft zu werden. Und vor der Anschaffung eines Shih-Tzu brauchen auch gesundheitsbewußte Hundefreunde nicht zurückzuschrecken.

Der Shih-Tzu im Alter

Die Lebenserwartung eines Hundes ist im Vergleich zu der des Menschen kurz. Der gesunde, gepflegte und umhegte Shih-Tzu wird 11 bis 15 Jahre alt. Ich habe auch schon Shih-Tzus gesehen, die älter geworden sind. Meine erste Shih-Tzu-Hündin Keytor Sweet Jasmin wurde 13 Jahre alt und war in ihrem Leben kein einziges Mal krank, sie hatte bis zu ihrem Tode noch vollkommen normale Hitzen und äußerst gesunden Appetit, sie starb an einem Herzschlag in Sekunden.

Denken Sie immer daran, daß Sie ein ausgewähltes Futter verabreichen, keine Abfälle oder Küchenreste. Ich habe mit den Fertigproduk-

In guter Obhut

ten der heutigen Hundenahrungsindustrie beste Erfahrung gemacht. Selbst meine alten Hunde freuen sich beim Frühstück oder am Nachmittag über einen Hundekuchen oder eine Kaustange, wenn diese nicht zu hart sind.

Als erste Alterserscheinung bemerken wir ein Nachlassen der Bewegungsfreudigkeit und des Spieltriebes. Bei der Begegnung mit Artgenossen zeigt sich oft ein abweisendes Verhalten, das sich später bei dem in seiner Ruhe gestörten Hund auch einmal auf den Besitzer ausdehnen kann. Auf dieses Verhalten des alten Hundes muß man mit Verständnis reagieren.

Das Gebiß des Shih-Tzu muß mit zunehmendem Alter auf Zahnsteinbildung, abgebrochene, faulende oder lockere Zähne kontrolliert werden. Vor allem aber zeigen die Augen des Shih-Tzu das beginnende Greisenalter an: Sie werden zunächst glanzlos; früher oder später folgt die Linsentrübung, der sogenannte Altersstar; dies führt dazu, daß der Shih-Tzu seine Umwelt nicht mehr deutlich sehen kann. Doch selbst bei völliger Erblindung findet er sich mit Hilfe seiner Nase erstaunlich gut in der gewohnten Umgebung zurecht. Auch das Gehör ist beim alten Shih-Tzu oft beeinträchtigt.

Etwa ab zehn Jahren mögen Shih-Tzu es nicht mehr so gern, wenn sie gebürstet werden. Ich kürze dann meistens mit einer Schere das Haar und schneide die Zöpfe ab, damit man das Gesicht besser sauberhalten kann. So sind die Hunde pflegeleichter und können ruhig ihrem Lebensabend entgegensehen. Denken Sie stets daran, wie Sie mit einem alternden Menschen umgehen würden: Fordern Sie ihn, doch überfordern Sie ihn nicht. Bei guter Pflege wird Ihr Shih-Tzu ein liebenswerter Partner bis ins hohe Alter sein.

Anhang

Anschriften, die Sie kennen sollten

Bundesrepublik Deutschland
Verband für das
Deutsche Hundewesen e. V. (VDH)
Westfalendamm 174
D-44141 Dortmund

Internationaler Shih-Tzu-Club e. V.
Geschäftsstelle:
Linda Reinelt-Gebauer
Weiherstraße 2
D-57629 Steinebach a. d. Wied
Tel.: 0 26 62 / 58 94

Niederlande
Shih-Tzu-Club Nederlande
Sekretär: P. Burema
Mackayware 16
NL-8014 R Zwolle
Tel.: 0 38 / 65 73 36

Belgien
Club Belgique de Shih-Tzu
Sekretär: Albert Lignen
Boulevard d'Aerbatte 219
B-5000 Namur
Tel.: 0 81 / 23 04 66

Österreich
Österreichischer Zwerghunde Klub (ÖZK)
Geschäftsstelle:
Auhofstraße 154/1
A-1130 Wien
Tel.: 02 22 / 97 54 11

Schweiz
Schweizer Zwerghundeklub
Sekretär: A. Waldner
CH-Platz-Walzenhausen AR
Tel.: 0 71 / 44 16 09

Weiterführende Literatur aus dem Parey Buchverlag

BEYERSDORF, P., 1997: Dein Hund auf Ausstellungen. 3. Auflage

BURTZIK, P., 1996: Erziehung und Ausbildung des Hundes. 5. Auflage.

FIEDELMEYER, L., 1983: Kauf, Pflege und Fütterung des Hundes. 3. Auflage.

HEGENDORF, 1980: Der Gebrauchshund. Haltung, Ausbildung und Zucht. 14. Auflage

KOBER, U., PEPER, W., 1995: Pareys Hundebuch. 2. Auflage.

POORTVLIET, R., 1987: Mein Hundebuch. 2. Auflage.

QUEDNAU, F., 1987: Rechtskunde für Hundehalter.

SCHMIDTKE, H.-O., 1984: Gesundheitsfibel für Hunde. 2. Auflage.

WEIDT, H., 1996: Der Hund, mit dem wir leben: Verhalten und Wesen. 3. Auflage.

Literatur

BERGLER, R., 1986: Mensch und Hund, Köln.

GEBHARD, H.: Du armer Hund, Goldmann Verlag.

KLINKENBERG, T., 1983: Hundeerziehung ohne Zwang, Melsungen.

KÖNIG, K. F., 1973: Haustierschaft, Rotenburg.

LORENZ, K.: So kam der Mensch auf den Hund, dtv.

PALMER, J., 1982: Die schönsten Rassehunde in Farbe, R. Müller, Köln.

RÄBER, H.: Brevier neuzeitlicher Hundezucht, Bern.

SCHEFFER, M., 1981: Bachblütentherapie, Hugendubel, München.

SCHNEIDER-LEYER, 1960: Die Hunde der Welt, Müller - Rüschlikon.

TRUMLER, E.: Der schwierige Hund.

WOLFF, H. G., 1977: Unsere Hunde – gesund durch Homöopathie, Sonntag, Regensburg.

ZIMEN, E., 1978: Der Wolf, München.

Bildnachweis

Seiten 2, 27, 41
S. und D. CROSSLEY, England

Seite 11
aus RUMER GODDEN, „The Butterfly Lions“, Williams Chowes Sons Ltd., London

Seite 14
Privatkollektion JON FERRANTE

Seite 18
MRS. GAY WIDDRINGTON, England

Seite 23
Familie LÄDERAH, Ahrensburg

Seiten 28, 56, 81, 91, 97, 100
JUDY FRANKS, England

Seite 29
SHARON BRACE, England

Seite 31
ANNEMARIE BAUMEISTER, Dänemark

Seite 35
Roberto Tierfotografie, Gronau

Seite 37
JENS NIEDERGESÄSS, Hamburg

Seite 39
SIMONE MENNE, Holzwickede

Seiten 42, 43, 46, 47, 48, 49, 50, 51, 52, 53
AUDREY DADDS, „The Shih-Tzu“

Seiten 55, 58, 59, 87, 94, 102
SIGLINDE JÄCKEL, Grasdoef

Seiten 61, 76
ANDREAS SENFT, Dortmund

Seite 68
ARNOLD HIMMEL, München

Seite 73
CAROLA VORDERSTEMANN, Hövels

Alle übrigen Abbildungen stammen von der Verfasserin